U0017022

外資銀行
中國業務實務

債權確保・外匯・自貿區・財稅

導讀

　　本書針對外資銀行在中國大陸最關注的「債權確保、外匯、自貿區、財稅」等四大重點，結合最新法令法規與服務銀行實務經驗，整理出100個外資銀行在大陸業務拓展的關鍵，輔以專欄形式，配合深入淺出地分析，冀盼對外資銀行涉及中國大陸的業務，達到降低風險與掌握商機的效果。

　　中國大陸經濟正從過去的生產導向轉為服務導向，服務業占GDP比重也逐年上升，外資銀行所處金融領域正是未來中國大陸經濟轉型的重中之重，如何掌握最新外匯與自貿區政策，如何降低銀行在債權確保與財稅方面的風險，除了將直接影響外資銀行在中國大陸的獲利外，也會改變外資銀行的全球業務版圖。

富蘭德林證券董事長

目次

| 第一篇 |

法律

【1】新《外資銀行管理條例》對台資銀業務影響分析

2015年1月1日起，中國大陸官方開始執行修改後的《外資銀行管理條例》，對台資銀行來說，主要影響表現在「放寬分行設立條件」及「鬆綁人民幣業務資格限制」兩大部分，但因為是前一年年底才宣布的政策，迄今關於分行如何直接申請人民幣業務，細則仍未公布。

台資銀行可從以下幾個層面分析對中國大陸業務的影響：

一、放寬初次設立分行的「時間」條件

今後台資銀行設立中國大陸分行，不須先設立代表處2年，但仍須滿足「提出設立申請前1年年末總資產不少於200億美元」，以及「資本充足率符合所在國家或者地區金融監管當局以及國務院銀行業監督管理機構的規定」，也就是說，對還沒有在中國大陸設立分行的台灣境內銀行，只是縮短了日後在中國大陸設立分行的時間，但是對其他「總資產」或「資本適足率」等硬性條件則沒有放寬。

二、取消分行須保有最低營運資金的現制

要特別注意，此處所指的「分行」，不是目前多數台資銀行直接進中國大陸設立的「分行」，按照條文所稱「外商獨資銀行、中外合資銀行在中華人民共和國境內設立的分行」來分析，是指台資銀行從台灣直接投資到中國大陸設立的「分行」或「子行」後，再設立的分行。

　　至於過去子行的「註冊資本最低限額為10億元人民幣或者等值的自由兌換貨幣」，分行「應由其總行無償撥給不少於2億元人民幣或者等值的自由兌換貨幣的營運資金」，這些限制條件都沒有改變，只是台資銀行進中國大陸設立的子行，再往下開設分行時，才適用此次新規取消營運資金不少於1億元人民幣或等值自由兌換貨幣的限制。

三、人民幣業務條件放寬

　　台資銀行在中國大陸最想做的是人民幣業務，問題是過去必須滿足開業3年的年限要求，但此次已由3年以上改為1年以上；其次，不再要求提出申請前2年必須連續盈利，而且分行一旦獲得人民幣業務資格後，再設立的分行要申請人民幣業務，也不再受設立時間限制。

　　這些改變有利於台灣的銀行在中國大陸的分行開展人民幣業務，但另一方面，對那些想在一開業就馬上經營人民幣業務的分行來說，則必須在籌備期就準備好與人民幣業務相關的人力、電腦系統、制度，否則開業籌備時間會拉長。

四、資本可進行本外幣轉換

　　另外，根據《銀行辦理結售匯業務管理辦法實施細則》（匯發[2014] 53號）規定，「新開辦外匯業務的中資銀行或新開辦人民幣業務的外資銀行，首次可申請將不超過10%的資本金進行本外幣轉換」，台資分行的外幣營運資金由於結匯受到限制，且借入的外幣外債也不能結匯為人民幣，所以如果分行新設立即申請人民幣

業務，則總行須考慮直接對分行撥付人民幣營運資金，否則，新設立的分行在中國大陸境內由於吸收人民幣存款不容易，人民幣業務要實際開展勢必受到影響。

【2】兩岸保證責任差異分析

台灣和中國大陸對「保證期間」的定義並不相同，中國大陸的「保證期間」長短可由當事人自行約定，並從主債務履行期限屆滿之日起算。

中國擔保法把「保證」做為擔保方式之一，台灣銀行法則認為「保證」屬於信用放款，也就是無擔保放款（無擔保授信）。

在中國大陸，可以做為保證人的主體須具備代清償債務能力的法人、其他組織或者公民，但並不包括國際機關、學校、幼稚園、醫院等以公益為目的的事業單位或社會團體；分公司雖然是非獨立法人，但仍可以在總公司授權範圍內提供保證，當分公司財產不足而難以承擔保證責任時，則由總公司承擔民事責任。

「保證」的表現形式可以採用雙方簽署保證合同，也可以由保證人單方以書面形式向債權人出具擔保書，只要債權人接受且未提出異議，擔保書同樣具有保證的法律效力；至於台灣的保證契約（合同），台灣法律並沒有規定應採用書面方式，但實務上當事人通常會做成保證契約（合同）書來做為保證的形式表現。

中國大陸擔保法對「保證」的分類與台灣相同，也分為「一般保證」和「連帶保證」，不同的是，在中國大陸如果未明確約定保證方式，就都歸類為「連帶保證」，目前中國大陸銀行的放款案件只要涉及保證方式，全都明確載明為「連帶保證」；同為中國大陸法系的台灣，對「保證」則採取「一般保證」為原則，例外必須由當事人特別明示為「連帶保證」才成立，尤其在銀行授信放款方面，特別是對於「購車、購屋貸款、消費性放款」所涉及的

「保證」，台灣《銀行法》明文規定禁止銀行要求自用住宅放款及消費性放款的借款人（主債務人）提供「連帶保證」，並要求銀行應先向主債務人求償，藉此保障弱勢保證人的權益。

對於「保證期間」的理解兩岸有所不同，在中國大陸，保證期間的長短可由當事人自行約定，保證期間從主債務履行期限屆滿之日起算，若未約定保證期間，則保證期間為主債務履行期限屆滿之日起6個月。至於「一般保證」，如果債權人未在保證期間內向「債務人」提起訴訟或仲裁，保證期間屆滿後，保證人不承擔保證責任；對於「連帶保證」，債權人應在保證期間屆滿前要求「保證人」承擔保證責任，否則保證期間屆滿後，保證人不承擔保證責任。

對台灣來說，保證期間並非從主債務履行期限屆滿之日起算，如果對已確定的主債務為「定期保證」，則在約定一定期限（保證效力存續期間）內承擔保證責任，但若債權人不在該約定的期限內對「保證人」提出審判上的請求，則保證人免除保證責任；若保證未定期間者，則保證人於主債務清償期屆滿後，1個月以上相當期限催告債權人須於其期限內，向「主債務人」為審判上之請求，債權人不於前項期限內向主債務人為審判上之請求者，則保證人免責任。

最後，在中國大陸若同一債權既有保證人（不論一般還是連帶保證），又有債務人提供的物的擔保和第三人提供的物的擔保，則在沒有約定情形下，債權人應當要求債務人先就物的擔保實現債權。

【3】借新還舊銀行業務監管與認定分析

　　台商在中國大陸向銀行貸款，最痛苦的事不是高利率，而是「還舊才能借新」，也就是貸款到期後，必須先真實償還舊貸款，銀行再借給新貸款，用這種方式完成貸款續約的目的，不像在台灣，銀行可以直接以換約形式免除要跑真實資金流的麻煩。雖然中國大陸的法律沒有硬性規定銀行對到期貸款一定要「還舊」才准「借新」，但實務上，大多數銀行都還是堅持還了舊貸款後才能再借新貸款的「還舊借新」政策。

　　會造成銀行堅持「還舊借新」的原因，是因為2007年中國大陸銀監會發文《貸款風險分類指引》中，將銀行借新貸款給企業，做為償還舊貸款的「借新還舊」作法，明確歸類在「關注類」中；根據國際慣例，商業銀行必須按風險程度，將貸款風險歸類在「正常類、關注類、次級類、可疑類、損失類」五大類中，後三類統稱為不良貸款，萬一銀行的放款被從「正常類」降級為「關注類」，會引來銀監會關注，非銀行所樂見，所以一般銀行不會採用「借新還舊」，而是用「還舊借新」來進行貸款的延續。

　　此外，不管是同一個銀行先撥新借款給企業，用於償還舊貸款的「借新還舊」，還是甲銀行先貸款給企業，用來償還乙銀行舊貸款的「借新還舊」，本質上都是中國大陸銀監會認定的「關注類」，直到2014年7月，銀監會公布36號文《中國銀監會關於完善和創新小微企業貸款服務，提高小微企業金融服務水準的通知》，才首次明確允許小微企業在合理續貸範圍內的「借新還舊」，只要是符合「正常類」標準，則就算是「借新還舊」仍可畫歸在「正

常類」，算是突破了銀監會長久以來對貸款風險分類要求，不再下降分類級別。

雖然商業銀行在有限範圍內已可開展「借新還舊」業務，但仍須注意以下重點：

1. 2009年1月召開的銀監會工作會議明確要求，嚴禁項目貸款的「借新還舊」作法。

2. 如果借款人屬於逃廢債務或惡意欠息，或已進入破產程序，嚴重資不抵債，或是該筆貸款處於訴訟或執行程序中，風險分類被畫分為「損失類」，這些情況則絕對不能辦理「借新還舊」。

3. 貸款「借新還舊」通常只涉及貸款本金，對舊貸的利息仍應全部收回。

4. 根據中國大陸《擔保法》司法解釋第39條規定，銀行信貸人如果沒有在借款合同及保證合同上寫明該筆貸款用於「借新還舊」，會形成一定法律風險，造成借款人和保證人惡意逃債的可能性，因此，銀行在承做此類置換貸款業務時，必須在保證合同中明確寫入「擔保項下貸款用於歸還某舊貸合同項下所欠債務」的字樣。

另外中國大陸《擔保法》司法解釋第69條也規定，銀行在辦理「借新還舊」業務時，若對以前沒有的擔保物重新設立抵押，則抵押合同的效力取決於是否存在惡意串通、損害其他債權人合法權益、其他債權人主張撤銷等因素影響。

【4】銀行對跨境抵押房產租金注意事項

實務中，台灣的銀行常須面對中國大陸不動產跨境擔保來台融資前「先出租後抵押」的情況，銀行必須有相對應保障銀行利益的方法。

台灣的銀行開始接受中國大陸不動產「跨境擔保」，做為在台灣融資的抵押物，台灣的銀行在做為抵押權人評估貸款風險時，必須要特別關注該抵押物上是否存在租賃關係。

中國大陸《物權法》規定，訂立抵押合同前，抵押物已出租，和抵押設定後抵押物再出租，這兩種情形在行使抵押權的法律後果上截然不同，具體可分為兩方面分析。

一、先租後抵

該不動產在設定抵押前，已經被所有權人用於出租，也就是「先租後抵」，則原租賃關係不受抵押權影響，銀行做為抵押權人行使抵押權，對抵押物進行拍賣、變賣後，適用「買賣不破租賃」原則，新的買受人應該承受原租賃合同。

二、先抵後租

抵押權設立後，抵押物才被出租，也就是「先抵後租」，則不再適用買賣不破租賃原則，先設定的抵押權可對抗後成立的租賃權，一旦抵押權實現後，租賃合同對受讓人不具有約束力。

這意謂「先抵後租」的不動產在處置時，若租賃合同期限尚未屆滿，新的受讓人仍可要求承租人騰退房屋，要注意的是，中

國大陸對於不動產抵押，規定為辦理登記時抵押權設立，抵押權人在辦理抵押登記前應關注抵押人是否與第三人建立租賃關係，最好能避免。

實務中確實存在大量「先租後抵」情況，尤其是租賃期限長於銀行債權履行期限，這種情況下，銀行通常會要求抵押人與承租人解除租賃關係，銀行才能接受抵押物，如果抵押人確實因客觀原因無法解除租賃關係，必須有相應保障銀行利益的解決辦法。

台灣的銀行如果接受中國大陸「先租後抵」的「跨境擔保」不動產抵押，則在辦理租金應收帳款質押登記時，可委託已在「中徵動產融資同意登記平台」註冊的常用戶（也就是中國大陸境內銀行，包括台資銀行在中國大陸的分行），在應收帳款質押登記公示系統中，將境外債權人登記為應收帳款質權人，並要求常用戶（也就是受託銀行）將登記證明編號、修改碼等資訊告知境外質權人。

銀行辦理租金收入質押的法律效果在於，一旦借款人無力償還債務而銀行需要實現抵押權，但抵押物受限於買賣不破租賃，導致無人買受時，至少銀行對於在租賃期限內，抵押人所享有的出租方尚未支付的租金收入具有優先受償權。與此同時，銀行還須查看租賃合同，如果是一次性支付租金方式，則一般會建議要求出租人（抵押人）變更為分期支付租金方式，藉以保障銀行對未付租金部分的優先受償權。相反的，如果未將租金質押，一旦抵押人存在其他未受清償的債權人時，銀行雖可以租金收入做為抵押物的法定孳息為理由進行收取，但也只能與其他債權人按比例對該租金進行分配。

　　抵押物若出租，按慣例會存在抵押人預收押金狀況，一旦抵押物被拍賣或變賣，處分所得價款不須先償還押金，因為押金屬於承租人對出租人（抵押人）的一般債權，在中國大陸法律上不具有優先受償權。

【5】報刊公告催收合法性分析

我們在瀏覽報紙和網站時，有時能看到銀行發布的債務催收公告，在這些公告信息中，銀行會公布債務人的姓名、欠款金額等。中國目前只有在三種情形下，才可以使用公告催收手段。

第一，根據《最高人民法院關於審理民事案件適用訴訟時效制度若干問題的規定法釋》[2008] 11號第10條的規定，只有當債務人下落不明時，銀行才可以在國家級或者下落不明的當事人一方住所地的省級有影響的媒體上，刊登具有主張權利內容的公告。此時銀行發布催收公告的行為視為「當事人一方提出要求」，產生訴訟時效中斷（即訴訟時效重新起算，參見第33頁）的效力。

第二，根據《國務院辦公廳轉發教育部、財政部、人民銀行、銀監會關於進一步完善國家助學貸款工作若干意見的通知》的規定，中國大陸的國家助學貸款管理中心有權將銀行提供的違約學生名單在新聞媒體上予以公布。

第三，根據《最高人民法院關於審理涉及金融資產管理公司收購、管理、處置國有銀行不良貸款形成的資產的案件適用法律若干問題的規定》，在涉及金融資產管理公司收購、管理、處置國有銀行不良貸款時，原債權銀行在全國或者省級有影響的報紙上發布的債權轉讓公告或通知中，可以登載關於催收債務的內容。

在前述情形中，台資銀行可以使用公告催收的情形只有第一種情況。但必須注意兩點：

1. 人民銀行規定銀行業金融機構在收集、保存、使用、對外提供個人金融資訊時，應當嚴格遵守法律規定，採取有效措施加

強對個人金融資訊保護，確保資訊安全，防止資訊洩露和濫用。同時，《中華人民共和國債權責任法》也明訂對公民的隱私權予以法律保護。

因此，在沒有債務人許可的情形下，將公民的姓名、身分證號碼、電話等個人私密資訊在媒體上公開時，便可能構成侵權。有的銀行為避免侵權，在借款合同中約定，一旦債務人發生違約時，銀行有權進行公告催收。但由於借款合同為格式合同（台灣稱為定型化契約），根據《中華人民共和國合同法》的規定，若提供定型化條款的一方免除其責任、加重對方責任、排除對方主要權利，則該條款無效。因此，格式合同中若約定債權人可以公開債務人資訊，則有排除債務人主要權利（隱私權）的嫌疑。

為確保銀行有合法的公告催收權利，有兩種應對方法。第一種方法，在借款合同中對於銀行有權進行公告催收的條款，應以加黑加粗的方式引起合同相對方注意，並請借款人在此條款處簽字，證明銀行已經履行了告知義務。第二種方式，由借款人親筆書寫一份同意銀行公告催收時公開其欠款信息內容的書面授權書。

銀行在公布債務人資訊時，對身分證號碼須注意遮蔽部分數字，也不能使債務人的住址和電話公開曝光。

2. 公告催收的重要前提是債務人下落不明，因此銀行必須在採取了信函催收、上門催收等催收方式後，仍無法送達催收文書的情況下使用。而銀行必須保留相關下落不明的證據，比如自然人所在地居委會的證明、快遞公司證明查無此人的書面證明、公證機關證明上門催收時無法找到債務人的書面證明等。

【6】中國大陸境外的銀行做為起訴人應注意事項

根據《中華人民共和國民事訴訟法》第264條規定，在中華人民共和國領域內沒有住所的外國人、無國籍人、外國企業和組織，委託中華人民共和國律師或者其他人代理訴訟，從中華人民共和國領域外寄交或者託交的授權委託書，應當經所在國公證機關證明，並經中華人民共和國駐該國使領館認證，或者履行中華人民共和國與該所在國訂立的有關條約中規定的證明手續後，才具有效力。

同時根據中國大陸《最高人民法院關於民事訴訟證據的若干規定》第11條，「（第1款）當事人向人民法院提供的證據是在中華人民共和國領域外形成的，該證據應當經所在國公證機關予以證明，並經中華人民共和國駐該國使領館予以認證，或者履行中華人民共和國與該所在國訂立的有關條約中規定的證明手續。（第2款）當事人向人民法院提供的證據是在香港、澳門、台灣地區形成的，應當履行相關的證明手續。」

基於司法機關對於來自域外的資料無法確定真偽，因此實務中，中國大陸境外的銀行如在中國大陸法院起訴，以下訴訟資料必須經公認證：

1. 起訴人主體資格證明（包括合法註冊證明文件和法定代表人證明文件）。

2. 起訴狀和委託書。

3. 財產保全申請書。

4. 境外形成的其他證據資料。

須注意的是，若提供的資料是外文，應當附有中文譯本。

起訴資料的公認證程序

境外銀行做為起訴人，對起訴資料的公認證程序，分別按照其所屬地為台灣地區、香港和澳門、台港澳以外地區或國家三類，簡述如下：

（一）台灣地區的銀行在中國大陸法院訴訟

在起訴前須向台灣公證機關提交主體資格證明文件（包括營利事業登記證、法定代表人證明）以及起訴狀、委託書、台灣證據資料、財產保全申請書（如有）。在台灣公證機關辦理公證後，經海基會寄送副本，再經使用該公證文書所在地省一級（直轄市）公證員協會認證。

（二）香港和澳門地區的銀行在內地法院訴訟

起訴相關資料的公認證應當按照《內地與香港關於建立更緊密經貿關係的安排》、《內地與澳門關於建立更緊密經貿關係的安排》辦理。例如，若為香港地區銀行，須提交主體資格證明文件（包括登記證明書和商業登記證、法定代表人證明）以及起訴狀、委託書、財產保全申請書（如有）。以上資料須經中國司法部委託的香港律師公證，並加蓋「中國法律服務（香港）有限公司」轉遞章，才能在內地使用。

（三）港澳台以外其他地區或國家的銀行在中國大陸法院訴訟

其主體資格和相關訴訟資料，應經其所在國家主管機關公證後，送中國駐該國使（領）館認證。以新加坡為例，起訴人持訴訟文書先至新加坡公證員律師處辦理公證，經新加坡法律學會認

證後，再至中華人民共和國駐新加坡大使館辦理認證。

如銀行所在地國家與中國沒有外交關係，則應當經與中國有外交關係的第三國駐該國使（領）館認證，再由中國駐該第三國使（領）館認證。

當然，境外銀行在中國大陸起訴時還要注意的是，被告如是中國大陸法人，則必須通過「全國企業信用信息公示系統」查詢其相關工商登記資訊，並列印出來，在立案時一併交給法院。

【7】訴訟與仲裁的主要區別（上）

　　仲裁與訴訟是兩種不同的解決民事糾紛的方式。在訴訟上，中國大陸法院自下而上分為四個級別：基層人民法院、中級人民法院、高級人民法院和最高人民法院，實行二審終審制，也就是根據受理許可權，如果一審法院為中級人民法院，當事人不服判決，可以向上一級高級人民法院起訴，高級人民法院的判決即為終審判決。中國大陸仲裁機構則分為全國性、國際性和地域性的仲裁機構，實行一裁終局制度，也就是經仲裁庭裁決後，裁決書自做出之日起發生法律效力。

一、仲裁範圍

　　根據《中華人民共和國仲裁法》的規定，仲裁範圍包括合同糾紛和其他財產權益糾紛，但婚姻、收養、監護、扶養、繼承糾紛和依法應當由行政機關處理的行政爭議則不能仲裁。合同糾紛的範圍，依據《中華人民共和國合同法》的規定，主要有買賣、供用電／水／氣／熱、建築工程、贈與、借貸、租賃、融資租賃、承攬、運輸、技術、保管、倉儲、委託、行紀、居間等15類合同。因此銀行借款合同屬於仲裁範圍。

　　當事人採用仲裁方式解決民事糾紛時，必須達成仲裁協議或仲裁條款。通常可以表述為：「凡因本合同引起的或與本合同有關的任何爭議，均應提交XX仲裁委員會，按照申請仲裁時該會現行有效的仲裁規則進行仲裁。仲裁裁決是終局的，對雙方均有約束力。」必須注意的是，如果出現以下情形，那麼仲裁協議或者仲

裁條款無效，則由法院受理雙方的爭議：

1. 約定的仲裁事項超出法律規定的仲裁範圍。

2. 無民事行為能力人或限制民事行為能力人訂立的仲裁協議。

3. 一方採取脅迫手段，迫使對方訂立仲裁協議。

4. 仲裁協議對仲裁委員會沒有約定或者約定不明，當事人又達不成補充協議。

5. 仲裁協議須採書面形式，當事人口頭訂立仲裁協議無效。

二、應備資料與財產、證據保全

（一）應備資料

無論是訴訟還是仲裁，當事人必須提供相應的訴訟或仲裁資料。向法院提起訴訟時，原告應提供民事起訴狀、委託書、相關證據資料；向仲裁委員會提起仲裁時，申請人應提供仲裁申請書、委託書、相關證據資料。所不同的是，在仲裁案件中，境外當事人申請立案時提交的境外取得的證據資料，可暫不進行公認證，但如果仲裁庭在案件審理過程中認為有必要進行公證認證，當事人則應予辦理。

（二）財產保全

無論是訴訟還是仲裁，當事人都可以申請財產保全。對於訴訟而言，當事人既可以在訴訟前30天內申請財產保全，也可以在訴訟過程中提起財產保全；對於仲裁而言，由於財產保全的裁決和執行由法院做出，因此在仲裁程序開始前申請人如果要求申請訴前保全，不能向仲裁委員會提出，而只能向被保全財產所在地或被申請人住所地法院提出，若仲裁案件已立案，則應向仲裁

委員會提出財產保全，再由仲裁委員會移交被申請人住所地或被保全財產所在地的基層人民法院，裁定並執行仲裁案件的財產保全。如果仲裁案件具有涉外因素，則由被申請人住所地或者保全財產所在地的中級人民法院，裁定並執行仲裁案件的財產保全。

（三）證據保全

　　無論是訴訟還是仲裁，當事人都可以申請證據保全（指對證據加以固定和保護，防止證據滅失）。訴訟或仲裁前的證據保全，當事人通常應向保全證據所在地的公證機關申請；情況緊急的，可以在訴前或仲裁前向證據所在地、被申請人住所地或者對案件有管轄權的法院申請保全證據。而訴訟或仲裁程序開始之後的證據保全兩者不同，訴訟中的證據保全由訴訟受理法院採取保全措施；仲裁中的證據保全，申請人應向仲裁委員會提出，再由仲裁委員會移交證據所在地的基層人民法院，如屬於涉外仲裁案件，則移交證據所在地的中級人民法院。

【8】訴訟與仲裁的主要區別（下）

如果屬於涉及商業祕密或個人隱私的案件，在訴訟程序或仲裁程序中，當事人都可以申請選擇不公開開庭，所不同的是，即便不公開審理的訴訟案件，判決仍然是公開的，甚至能夠在法院官方網站上搜尋到裁決文書（出於隱私保護，涉及姓名、地址等個人資訊會經過處理）。同樣，當事人認為法官或者仲裁員與案件其他當事人、代理人有親屬或其他關係，可能影響公正辦案，則有權提出迴避申請。

《中華人民共和國仲裁法》規定，仲裁委員會的仲裁員應當符合從事仲裁工作滿8年或者從事律師工作滿8年，或者曾任審判員滿8年等條件，而且要求仲裁委員會的組成人員中，法律、經濟貿易專家不得少於三分之二。《中華人民共和國法官法》對初任法官也採取嚴格的考核，分為首席大法官、大法官、高級法官和法官共十二級。仲裁案件中，當事人可以根據案件的具體情況選擇適合的仲裁員；而訴訟案件中，當事人對法官沒有選擇權，由法院指派法官。因此，對於國際性的經貿類案件，由於專業性要求較高或者出於保密的考量，當事人通常會選擇採用仲裁方式。

訴訟和仲裁做為爭議的解決方式，當事人只能二選一。兩者的特點，以表格比較如下頁。

項目	仲裁	訴訟
前提	有效的仲裁條款（一致選擇仲裁的意思表示）。	無要求；即使有仲裁條款，但如果雙方一致同意訴訟，仍可接受法院管轄。
受案範圍	合同糾紛和其他財產權益糾紛（不含婚姻、收養、監護、撫養、繼承糾紛）。	無受案範圍限制。
管轄級別	仲裁不實行級別管轄和地域管轄，當事人可以選擇任意一個仲裁機構。	訴訟實行級別管轄和地域管轄。根據當事人之間爭議的具體情況，來確定由哪一級法院及由哪個地區的法院管轄。無管轄權的法院不得隨意受理案件，當事人也不得隨意選擇。
仲裁（審判）員選擇	1. 簡易程序為一名仲裁員，由雙方共同指定，不能指定同一人時，由仲裁委主任指定。 2. 普通程序為三名仲裁員，應當各自選定或各自委託仲裁委員會主任指定一名仲裁員，第三名仲裁員由當事人共同選定或共同委託仲裁委員會主任指定。	當事人無權選擇審判員，在有理由認為審判員與案件當事人有關聯關係時，可以申請迴避，但無權選擇新的審判員。
不服裁決的救濟	一裁終局。	兩審終審。
強制權力	仲裁機構可接受財產保全申請，但無權做出財產保全裁定，只能移交人民法院。 仲裁機構沒有強制執行力。	人民法院可以自行決定或者依當事人的申請，採取強制執行、財產保全的措施。

項目	仲裁	訴訟
裁決的境外執行力	在參加紐約公約的國家，有執行力。	在簽有承認和執行判決的雙邊或多邊條約的國家內，可以得到承認執行。
費用	較高。	較低。
地域選擇	無地域限制。	必須選擇與合同有關係的地域的法院。
行業專業性	較高。	較低。

【9】銀行債權的訴訟時效及過了訴訟時效如何補救

訴訟時效是指請求法院對民事權利進行保護的法定期間，通常的訴訟時效期間為2年，從知道或者應當知道權利被侵害時起計算。這表示如果超過法定訴訟時效，當事人喪失勝訴權，司法單位不再予以保護，但當事人的實體權利仍存在，如果對方自願履行，仍可接受，不受訴訟時效限制。台灣沒有使用「訴訟時效」這個法律名詞，相應採用的是「消滅時效」，也就是權利人在法定期間內不行使請求權，債務人取得拒絕給付抗辯權。

一、訴訟時效的中斷或中止

中國大陸法律規定，訴訟時效可中斷或中止。比如，訴訟時效可以因為當事人一方提起訴請、提出要求或者對方同意履行義務等事由，而造成時效中斷，也就是訴訟時效重新起算。另外，如果在訴訟時效期間的最後6個月內，因不可抗力或者其他障礙不能行使請求權時，訴訟時效可中止，中止的法律後果是訴訟時效從中止時效的原因消除之日起繼續計算。

通常銀行的債權合同都會約定履行期限，但一次還本付息的情況較少，一般都會分期履行，比如在借款合同中約定「按月（季）繳息、借款期限屆滿時一次歸還本金」。對這種分期履行的訴訟時效起算，中國大陸《最高人民法院關於審理民事案件適用訴訟時效制度若干問題的規定》第5條規定：「當事人約定同一債務分期履行的，訴訟時效期間從最後一期履行期限屆滿之日起計算。」因此，無論分期履行的間隔期有多長，只要最後一期債務

還未喪失訴訟時效，銀行對全部債務的訴訟時效未喪失。

二、時效已過的補救

在借款合同法律關係中，債權人如果超過2年不主張債權，其債權將不受司法保護。債權如果過了訴訟時效應該如何補救？

（一）可繼續催告債務人還款，並要求在「欠款催收通知書」上簽字確認。

對於超過訴訟時效期間，若當事人雙方就原債務達成還款協議，視為達成新的協議，屬於新的債權債務關係，應按協議約定的債務履行期限履行。這種情況下的訴訟時效，從新約定的債務履行期限屆滿之日起算。

（二）仍可繼續起訴。

訴訟時效已屆滿，債權人喪失的只是勝訴權，實體權利並未喪失。在訴訟過程中，法官無權主動釋明債權超過訴訟時效。因此對方如果沒有提出訴訟時效抗辯，法院不會主動適用訴訟時效的規定進行裁決。

三、關於擔保

債權人對抵押人或質押人主張行使抵押權或質權時，應注意，必須在主債權訴訟時效期間行使，未行使的，人民法院不予保護，也就是債權人喪失了勝訴權。若債權人與債務人達成還款協議而對債權債務進行確認的話，應取得抵押人或質押人同意繼續承擔擔保責任的書面文件。

　　此外，對於一般保證而言，債權人必須在保證期間內向債務人提起訴訟或仲裁，否則保證期間屆滿後，保證人不承擔保證責任，保證合同訴訟時效也無從起算。對於連帶保證而言，債權人必須在保證期間內向保證人提起主張，否則保證期間屆滿後，保證人不承擔保證責任，保證合同訴訟時效也無從起算。

　　根據中國大陸擔保法司法解釋的規定，一般保證中，主債務訴訟時效中斷，則保證債務訴訟時效也中斷；而連帶責任保證中，主債務訴訟時效中斷，保證債務訴訟時效不中斷。一般保證和連帶責任保證中，主債務訴訟時效中止時，保證債務的訴訟時效同時中止。

　　實務中，中國大陸銀行較多採用連帶保證方式，因此應特別注意，在保證期限內及時向保證人主張權利，避免出現主債務訴訟時效中斷，而保證人的訴訟時效已經屆滿的情形發生。

　　總之，債權人應熟知借款合同、擔保合同所涉及的訴訟時效起算方法，及時主張債權或擔保權利，通過合理的主張債權的形式中斷訴訟時效，切實維護自身權益。

【10】如何查找債務人的財產線索？

對於債權人而言，實現債權的前提是債務人有可供履行債務的財產。無論是在申請財產保全時，還是在執行案件中，準確掌握債務人的財產資訊，是法院開展保全和執行措施的關鍵。發現債務人財產的線索越多，手段越有效，就可大大降低贏了官司但執行不到位的風險。

執行「白條」（指法院做出具有給付內容的生效判決或裁定，因各種原因不能兌現）是當事人最頭疼的事情，債權人與債務人長期存在借貸關係，從借款前的審查到貸後的監督，對於債務人財產的多少、資金的流向、從事的業務、可能隱匿轉移財產的方式，較法院更為熟悉，況且法院執行部門人員少、案件多，沒有足夠的人員和精力全力查找被執行人的財產，因此債權人應主動查找債務人的財產線索。

一、收集財產線索的常規方法

1.要獲取被執行人在銀行的存款情況，除法院在當地人民銀行調查被執行人的開戶情況外，申請執行人也可以主動提供所掌握的帳戶資訊，比如交易合同中記載的帳戶、通過繳稅憑證查詢銀行帳號，以及被執行人繳納水電煤公用事業費時留存的銀行帳戶資訊。

2.通過中國證券登記結算有限公司上海分公司和深圳分公司，查詢被執行人在證券公司的開戶、股票、現金情況。

3.通過房地產管理部門，查詢被執行人的不動產所有情況。

4. 通過車輛管理所，查詢被執行人名下的機動車輛。

5. 通過智慧財產權管理部門，對被執行人的著作權、專利權和商標權進行調查，看是否存在可以收取權利金的情況，進而獲得可執行財產線索。

6. 通過人民銀行徵信中心的動產融資（權屬）登記平台，了解被執行人是否存在應收帳款質押／轉讓、租賃、所有權保留、動產留置權等狀況，以獲得被執行人應收帳款或動產的相關資訊。

7. 通過中國大陸工商部門，查詢被執行人的投資情況，但由於全國企業資訊沒有聯網，只能查當地註冊的企業情況，因此，執行申請人必須知悉被執行人投資企業的行政區域。通過調取工商資訊，比如銀行帳戶、機器設備和貨物的抵押狀況、資產負債表等登記資訊，可以發掘財產線索。

二、容易疏忽的財產線索

1. 銀行的保險箱業務用戶中，普通家庭的比例逐年提升，家庭財產中的有價證券、記名單據、黃金、首飾、收藏品，甚至是現金，都有可能存放在銀行保險箱中。因此，查封財產或執行財產時可以向法院舉證保險箱的保管銀行和租用人姓名，以供法院採取強制執行措施。

2. 保險收益。被執行人基於保險合同享有的權益，比如人壽保險中的保單分紅、退保後保單現金價值、保險生存年金、做為受益人獲得的身故保險金，法院可以凍結並處分。通常法院不能強制解除保險合同法律關係，除非在法院強制執行過程中，被執行人為了規避強制執行而購買保險，則該保險產品有可能面臨強

制解除，解保後該保單現金價值可被強制執行。

三、查找財產線索的其他方法

1.懸賞舉報。申請執行人可以向執行法院提出懸賞執行申請，由執行法院向社會發布舉報被執行人財產線索的懸賞公告。舉報人提供的財產線索經查證屬實並實際執行到位，可按申請執行人承諾的標準或者比例獎勵舉報人。

2.由律師向法院申請調查令。律師持調查令向有關部門調取相關證據資料，對一些不能核實或因為客觀原因不能調查的財產線索，律師可將財產線索提供給法院，協助法院調查和執行。

【11】夫妻一方以個人名義所負的保證債務，是否可以認定為夫妻共同債務？

中國大陸婚姻法規定，如果夫妻雙方沒有約定財產歸各自所有，那麼在婚姻關係存續期間所得的財產歸夫妻共同所有。因此，台資銀行會困惑，自然人保證人在保證合同上簽字時，如果將來發生擔保履約，在執行時會不會因執行了夫妻共同財產而遭到保證人配偶的異議呢？這就涉及到夫妻一方因履行保證合同而產生的債務，是否認定為夫妻共同債務的問題。

一、兩種情況除外

從法律規定來看，中國大陸最高人民法院《關於適用〈中華人民共和國婚姻法〉若干問題的解釋（二）》第24條：「債權人就婚姻關係存續期間夫妻一方以個人名義所負債務主張權利的，應當按夫妻共同債務處理。」但有兩種情況除外：

1. 夫妻一方能夠證明債權人與債務人明確約定為個人債務。

2. 夫妻對婚姻關係存續期間所得的財產約定歸各自所有時，夫或妻一方對外所負的債務，第三人知道該約定的，以夫或妻一方所有的財產清償。同時，《中華人民共和國婚姻法》第41條規定，「離婚時，原為夫妻共同生活所負的債務，應當共同償還」。

二、以是否存在共同獲益來判斷

法律規定的夫妻共同債務，是指婚姻關係存續期間，為家庭共同生活或者為共同生產、經營活動所負的債務，不論該債務是

以雙方的名義所負，還是夫妻一方以個人名義所負。

因此，夫妻一方因履行保證合同而產生的債務是否認定為夫妻共同債務，同樣應以是否存在共同獲益可能而區分不同的情形。

1. 如果保證人所擔保的借款用於家庭生活或用於生產經營，保證人的配偶因此間接獲益，則保證人一方因履行保證責任而產生的債務應認定為夫妻共同債務。關於夫妻共同生活或生產經營所負的債務，主要有以下幾種：

（1）夫妻為家庭共同生活所負的債務。

（2）夫妻共同從事生產、經營活動所負的債務。

（3）夫妻一方從事生產經營活動，經營收入用於家庭生活或配偶分享所負的債務。

（4）夫妻一方或雙方治病以及為負有法定義務的人治病所負的債務。

（5）因撫養子女所負的債務。

（6）因贍養負有贍養義務的人所負的債務。

（7）為支付夫妻一方或雙方的教育、培訓費用所負的債務。

2. 如果一方因承擔保證責任而形成的債務，並非用於夫妻共同生活與生產經營所形成的債務，或者家庭並沒有從配偶一方的保證行為中獲益，此時該債務不宜認定為夫妻共同債務，屬於一方的個人債務，配偶不承擔共同清償責任。

雖然婚姻關係使得夫妻財產上的獨立性降低，共同生活必然帶來財產上的共同所有、受益、處分和分配，但在判斷是否形成夫妻共同債務時，應仍以保證行為是因家庭生活或生產經營所需而產生，若「一刀切」認為夫妻中的一方就另一方的對外保證責

任承擔共同義務，則不公平合理。

　　由於實務中，有時確實很難判斷保證行為是否為家庭帶來了收益，為避免無法做為共同債務執行夫妻共同財產的風險，對於夫妻一方做為連帶保證人的情形，銀行應要求書面同意書，明確配偶認可一方因履行保證合同產生的債務屬於夫妻共同債務，同意以夫妻存續期間財產做為還款來源。

【12】賦予強制執行效力的公證債權文書 和普通公證債權文書的區別

賦予強制執行效力的公證債權文書，是指對公證機關賦予強制執行效力的債權文書，一方當事人不履行時，由對方當事人不經訴訟程序而憑公證機關簽發的「執行證書」，直接向人民法院執行機構申請強制執行。

根據中國大陸《最高人民法院、司法部關於公證機關賦予強制執行效力的債權文書執行有關問題的聯合通知》（司發通[2000] 107號）的規定，公證機關賦予強制執行效力的債權文書，範圍包括：（1）借款合同、借用合同、無財產擔保的租賃合同；（2）賒欠貨物的債權文書；（3）各種借據、欠單；（4）還款（物）協議；（5）以給付贍養費、扶養費、撫育費、學費、賠（補）償金為內容的協議；（6）符合賦予強制執行效力條件的其他債權文書。因此，在當事人明確放棄訴權並接受法院強制執行的情形下，公證機關可以對借款合同賦予強制執行效力。

對於包含擔保協議的債權文書，是否能做強制執行效力的公證，中國大陸最高人民法院2014年對山東省高級人民法院的答覆函中，已明確為公證機構可以對負有擔保協議債權文書賦予強制執行效力。因此，當擔保人自願放棄抗辯權並接受法院的強制執行時，公證機關對擔保合同同樣可以賦予強制執行效力。

債務文書如須做賦予強制執行效力的公證，當事人必須書面約定，如雙方經協商一致同意，合同經公證即賦予強制執行效力。當發生債務人違約時，債務人、擔保人自願放棄訴權、抗辯

權，由債權人依法不經訴訟程序即可直接向人民法院執行機構申請強制執行相關內容。若債務人違約導致債權人向公證處申請執行證書時，公證機構會以公證的債權文書約定的方式（如信函），對債務履行狀況進行核實，債務人、擔保人須在公證機構進行核實之日起一定期限內（須事先約定），向公證機構做出書面答覆；債務人未提供充分證據導致異議不成立時，或者債務人未以約定方式或未在約定期限內回覆公證機關，則公證機構可依據具有強制執行效力的債權文書公證書，出具「執行證書」。

賦予強制執行效力的債權文書公證和普通債權文書公證的主要區別，列表如下：

比較項目	賦予強制執行效力的公證債權文書	普通公證債權文書
求償程序	債權人憑公證書等向公證機關申請執行證書，憑執行證書向債務人或抵押物所在地法院申請強制執行，清償債務。 若執行法院認為公證債權確有錯誤，或法院認定執行該公證債權文書違背社會公共利益，將裁定不予執行，當事人則另行訴訟。	債權人可以通過訴訟方式取得判決，判決生效後向法院申請執行。 或通過實現擔保物權特別程序，向擔保財產所在地法院提出，取得准許拍賣、變賣擔保財產裁定後，向法院申請執行。
執行名義	公證機關簽發的執行證書。	發生法律效力的判決、裁定。
執行法院	被執行人住所地或者被執行人財產所在地基層人民法院。	第一審人民法院，或者與第一審人民法院同級的被執行的財產所在地人民法院。

賦有執行效力的公證債權文書在沒有錯誤的情況下，當事人可以憑執行證書直接向法院申請強制執行，無須經訴訟或仲裁等程序取得執行名義。

根據中國大陸最高人民法院關於適用《中華人民共和國民事訴訟法》的解釋第480條的規定，公證債權文書確有錯誤主要指如下情形：

1. 公證債權文書屬於不得賦予強制執行效力的債權文書。

2. 被執行人一方未親自或者未委託代理人到場公證等嚴重違反法律規定的公證程序。

3. 公證債權文書的內容與事實不符，或者違反法律強制性規定。

4. 公證債權文書未載明被執行人不履行義務或者不完全履行義務時同意接受強制執行。

當然，公證債權文書被裁定不予執行後，當事人仍可以就債權爭議提起訴訟。

【13】實現擔保物權特別程序介紹

當主債務履行期限屆滿後，債務人未向債權銀行清償債務，或者出現擔保合同約定的實行擔保物權情形時，債權銀行實現擔保物權的方式有兩種，其一為私力救濟，也就是擔保人主動對擔保物進行處分，銀行以處分所得價款優先受償；其二為公力救濟，即通過法院判決或裁定的方式，對擔保物進行處分。

一、不必透過訴訟程序

實現擔保物權特別程序，是2012年修訂的《中華人民共和國民事訴訟法》新增內容，也就是在對擔保物權的實現方式無法達成協議時，擔保物權人（指抵押權人、質權人、留置權人）及其他有權請求實現擔保物權的人（抵押人、出質人、財產被留置的債務人、所有權人以及《中華人民共和國合同法》第286條規定的建設工程承包人等），可以直接向法院申請拍賣、變賣擔保財產，而非通過訴訟的方式實現擔保物權。因此，實現擔保物權案件是專屬管轄且節約了訴訟成本，簡化了擔保物權的實現程序。

實現擔保物權案件在管轄方面，通常由擔保財產所在地或者擔保物權登記地基層人民法院受理。而對於實現票據、倉單、提單等有權利憑證的權利質權案件，可以由權利憑證持有人住所地人民法院管轄，而無權利憑證的權利質權，由出質登記地法院管轄。

二、裁定結果

人民法院受理實現擔保物權案件後，處理結果有三類：

1. 經審查無實質性爭議且實現擔保物權條件成就者，法院做出准許拍賣、變賣擔保財產的裁定，當事人依據該裁定可以向人民法院申請執行。

2. 對實現擔保物權有部分實質性爭議時，可以就無爭議部分裁定准許拍賣、變賣擔保財產。

3. 對實現擔保物權有實質性爭議時，則法院裁定駁回申請，當事人可以向法院另行提起訴訟，取得裁決文書後再申請執行。

依照特別程序審理的實現擔保物權案件實行一審終審制，除重大疑難案件外，其他案件由審判員一人獨任審理，且應在立案之日30日內或公告期滿之日起30日內審結。實現擔保物權案件並未區分境內境外，但若申請人為境外主體，或者證明擔保物權存在的資料為境外取得，則必須做相關公認證，由此產生的時間並不計算在審限內。

實現擔保物權案件的申請費，若法院裁定拍賣、變賣擔保財產者，則由債務人、擔保人負擔；若法院裁定駁回申請，申請費則由申請人負擔。申請費的具體標準，實務中各地法院做法不一，有不收取申請費用，有按件收費，也有按標的額收費。

三、注意事項

銀行申請實現擔保物權特別程序中，須注意以下幾點：

1. 中國大陸最高人民法院關於適用《中華人民共和國民事訴

訟法》的解釋於2015年1月30日頒布後，該司法解釋已明確允許申請人在實現擔保物權案件中提出保全申請，但僅限於訴訟中的財產保全。若實現擔保物權案件被駁回申請，財產保全措施效力如何，則未明確。

2. 實現擔保物權案件中，不能一併要求保證人承擔責任，因此須注意防止保證人脫保的情形發生。

3. 申請人的律師費損失是否屬於優先受償範圍，仍有爭議。主張不能優先受償的觀點認為，法院支持敗訴方承擔合理的律師費僅針對訴訟案件，而特別程序不屬於訴訟案件。

4. 根據最高人民法院關於適用《中華人民共和國民事訴訟法》的解釋（2015年1月30日頒布），擔保物有多個且所在地不同時，申請人實現擔保物權應分別向有管轄權的法院申請，造成實際操作可能並不便捷。

【14】中國大陸《破產法》規定對銀行債權的影響

2007年6月1日起實施的新《破產法》,擴大了原來《破產法》僅適用於全民所有制企業的範圍,只要具有法人資格的企業均適用新《破產法》。只要企業法人不能清償到期債務,並且資產不足以清償全部債務或者明顯缺乏清償能力時,企業法人本身或者企業法人的債權人可以提出破產清算申請,破產案件由債務人住所地法院管轄。

中國大陸《破產法》的相關規定,對商業銀行債權的影響主要表現在以下幾方面。

一、擔保債權優先於勞動債權受償

擔保債權優先於勞動債權受償,對於有擔保的銀行債權而言,具有一定保障作用。

《破產法》明確規定,破產人在破產法公布(2006年8月27日)之後所欠職工的工資和醫療、傷殘補助、撫恤費用,應當劃入職工個人帳戶的基本養老保險、基本醫療保險費用,以及法律、行政法規規定應當支付給職工的補償金,而按《破產法》第109條規定:「對破產人的特定財產享有擔保權的權利人,對該特定財產享有優先受償的權利。」意謂擔保債權優先於勞動債權受償,因此對於有擔保的銀行債權而言,具有一定保障作用。當然,擔保債權人若行使優先受償權利未能完全受償時,其未受償的債權只能做為普通債權,與其他一般債權人按比例受償。

另外,《破產法》也明確規定,破產費用(比如訴訟費用、

管理人執行職務的費用等）和共益債務（比如債務人為繼續營業而應支付的勞動報酬和社保費用，以及由此產生的其他債務等），在清償順序上位於擔保債權之後，但由債務人財產隨時清償，因此對於有擔保的債權人而言，擔保債權優先於破產費用和共益債務（但實務上，不排除對擔保債權有一定的侵蝕），但對於一般債權人（普通破產債權）而言，破產財產只有在優先清償有擔保債權、破產費用和共益債務、破產人拖欠職工的勞動債務、欠繳稅款後，才能受償。

二、新法關於抵銷權的規定有利銀行維護債權

原來的破產法及其司法解釋規定，債權人行使抵銷權應由仲裁機構或法院做出確認債權的法律文書後，方可行使。一旦債權人延誤取得有權機關對債權的確認，就喪失了行使抵銷權的可能。

新《破產法》第40條規定，債權人在破產申請受理前對債務人負有債務時，可以主張抵銷。這表示債權人無須再取得有權機關對債權確認的認定，直接可以要求抵銷，因此新《破產法》的規定有利於銀行及時行使抵銷權，以維護銀行債權。

三、關於混合擔保

混合擔保中，若銀行知道債務人破產，應當及時通知保證人。

最高人民法院關於適用《中華人民共和國擔保法》若干問題的解釋第45條規定：「債權人知道或者應當知道債務人破產，既未申報債權也未通知保證人，致使保證人不能預先行使追償權的，保證人在該債權在破產程序中可能受償的範圍內免除保證責任。」

因此，若銀行對債務人的債權有協力廠商提供保證擔保時，銀行若知道債務人破產，應當及時通知保證人，以免發生保證人因不能預先行使追償權，而導致其在該受償範圍內免責的後果。

四、關於個別清償

破產案件受理前6個月內的個別清償可撤銷。

借款人破產，若涉及《破產法》第32條的「人民法院受理破產申請前6個月內，債務人有資不抵債情形，仍對個別債權人進行清償」，是否會被撤銷的問題，實務中確實有一定爭議，有些法院認為如果銀行不知悉借款人發生了資不抵債的情形，則不應撤銷該清償行為。有些法院認為，即使是正常償債行為，只要其他債權人沒有同時受償，破產企業管理人有權申請法院撤銷該償還行為，要求銀行返還已償還的款項。

五、關於出資義務

出資人的出資義務不受出資期限的限制。

《破產法》規定，在破產案件中，如果債務人的出資人尚未完全履行出資義務，管理人應當要求該出資人繳納所認繳的出資，而不受出資期限的限制。

因此對於銀行而言，可以通過審查債務人的股東有無按照章程的約定履行出資義務，進而追究股東責任，要求其對公司債務人不能清償的部分，在未出資本息範圍內承擔賠償責任。

【15】在中國大陸如何申請財產保全

財產保全，是指人民法院在利害關係人起訴前或者當事人起訴後，為保障將來的生效判決能夠得到執行或者避免財產遭受損失，對當事人的財產或者爭議的標的物，採取限制當事人處分的強制措施。

在中國大陸財產保全，分為訴前財產保全和訴中的財產保全兩類。無論是訴訟還是仲裁，當事人都可以申請財產保全。提起訴前保全申請者，當事人必須在人民法院採取保全措施後30日內提起訴訟或者申請仲裁，否則人民法院會解除保全。訴前和訴中財產保全的差異如下表：

區別	訴前保全	訴中保全
提起主體	利害關係人。	訴訟當事人或人民法院。
提起時間	訴訟／仲裁發生之前。	立案之後。
採取保全措施主體	被保全財產所在地、被申請人住所地或對案件有管轄權的法院。	訴訟案件：案件審理法院。仲裁案件：被申請人住所地或保全財產所在地的基層（國內案件）或中級（涉外案件）人民法院裁定。
擔保要求	申請人應當提供擔保。	可以責令申請人提供擔保（實務中，應提供擔保）。
裁定時限	接受申請後48小時內。	情況緊急者，48小時內；情況不緊急者，可以在48小時以外。
解除條件	採取保全措施後30日內不起訴或不申請仲裁。	被申請人提供擔保時，應當解除。

　　必須注意的是，仲裁程序中，在仲裁案件立案前，申請人只能向被保全財產所在地或者被申請人住所地法院提出。只有當仲裁案件立案後，才能向仲裁委員會提出財產保全，再由仲裁委員會移交被申請人住所地或者被保全財產所在地的基層（國內仲裁）或中級（涉外仲裁）人民法院，裁定並執行仲裁案件的財產保全。

　　財產保全措施主要包括查封、凍結、扣押、變賣等方法。當事人提出財產保全申請時，應向法院或仲裁委員會提交書面申請書，還須提供被申請人的財產線索，比如要求查封被申請人的不動產，則必須向法院提供不動產的具體所處位置資訊；要求查封銀行存款、股票時，必須告知法院存款銀行名稱和具體的帳號以及被執行人的股票帳戶資訊。

　　在財產保全程序中，法院很少主動查詢被申請人的財產情況，因為法院認為財產保全申請人負有向法院提供被保全財產線索的舉證責任，如果申請人無法提供，只能自己承擔不利後果。對於申請人而言，應儘量多查找被申請人的財產線索，不要指望法院會幫助調查。如果實在沒有被申請人的財產線索，則申請財產保全的意義不大。

　　財產保全裁定是不能上訴的，若當事人對保全裁定不服，可以申請覆議一次。覆議期間不停止裁定的執行。

　　此外，還要注意保全措施是有期限的。人民法院凍結銀行存款及其他資金的期限不得超過1年，查封、扣押動產的期限不得超過2年，查封不動產、凍結其他財產權的期限不得超過3年。在查封、扣押、凍結期限屆滿前，申請人應辦理續行查封、扣押、凍結手續，方能達到延長財產保全期限的目的。

【16】在中國大陸如何申請證據保全

為防止證據可能滅失或者以後難以取得，銀行可以申請證據保全措施。實務中有法院證據保全和公證機關證據保全兩類。

一、法院證據保全

2012年《中華人民共和國民事訴訟法》修改之前，法院不能接受訴訟前證據保全的申請。修改後，《民事訴訟法》規定，對於情況緊急的，申請人可以在訴前或仲裁前向證據所在地、被申請人住所地或者對案件有管轄權的法院，申請保全證據。但申請人必須在法院採取保全措施後30日內提起訴訟或申請仲裁，否則法院就會解除保全。

不論訴訟、仲裁進行前或進行中的證據保全，均應由相應的法院採取證據保全措施，仲裁委員會本身只有接受申請的義務，而無執行證據保全的能力。

訴訟中或仲裁中申請證據保全時，必須注意以下幾點：

1. 必須在舉證期限屆滿前書面提出。

2. 證據保全可能對他人造成損失時，法院應責令申請人提供相應的擔保。

3. 仲裁機構將當事人的保全申請提交法院，由法院進行審查，裁定是否進行保全。法院根據案件實際情況，決定是否必須提供擔保。

法院對於證據保全，通常採用查封、扣押、拍照、錄音、錄影、複製、鑑定、勘驗、製作筆錄等方法。比如，對於書證，法院

會採用封存保管、抄錄、影印、拍照，傳喚當事人進行調查並製作調查筆錄，以確定書證的證明效力。對於物證，法院在提取、固定物證的過程中也會製作筆錄，記錄發現物證、提取物證的時間和地點。對於證人證言，法院同樣也會製作證言筆錄，並讓證人查看陳述是否有遺漏或差錯，補正後予以簽字。法院一般也會要求申請人或其代理人到現場，對此申請人要留意查看筆錄製作是否完整，是否已經全部包括申請人要求保全的所有證據，以避免遺漏重要事實。

另外，訴訟前和訴訟中的證據保全兩者差異在於：訴訟過程中，法院可以依據職權主動採取證據保全措施；但在當事人起訴前，法院不能主動採取保全措施，只能根據申請人的申請進行證據保全。

二、公證機關證據保全

公證機關證據保全也是司法實踐中經常採用的方式，按照《最高人民法院關於民事訴訟證據的若干規定》，公證文書所證明的事實屬於當事人無須舉證證明的免證事實，除非有相反的證據予以推翻。

實務中，當庭對電子郵件內容的展示，有兩種方式，一種是經公證機關證據保全，以公證書的書面方式進行；另一種在法庭條件允許的情況下，使用法庭的電腦當庭演示打開郵件的過程。另外，對於網頁內容的展示，當事人為防止網頁內容被刪除，在起訴或仲裁前通常會向公證機關提出對網頁內容進行證據保全。不論是電子郵件或網頁的公證，公證機關都會要求在公證機關提供的電腦上進行操作，並記錄每一步的操作過程，最終呈現在公證書中。總之，公證機關的證據保全是一種比較穩妥的方式。

【17】什麼情形下銀行可以實現抵押權和質權

實現抵押權和質權，是擔保物權人行使擔保物權的方式，也是擔保物權人的最主要權利。中國大陸《物權法》規定，債務人不履行到期債務或者發生當事人約定的實現抵押權（質權）的情形，抵押權人（質權人）可以與抵押人（出質人）協議以抵押財產（質物）折價，或者以拍賣、變賣該抵押（出質）財產所得的價款優先受償。抵押權人（質權人）與抵押人（出質人）未就抵押權（質權）實現方式達成協議時，抵押權人（質權人）可以請求人民法院拍賣、變賣抵押財產（質物）。

在存在有效的抵押權（質權）的先決條件下，從法律規定來看，銀行有兩類情形可以實現抵押權和質權，第一類是「債務人不履行到期債務」，第二類是「發生當事人約定的實現擔保物權的情形」。在這兩種情況下，銀行可以採用折價、拍賣、變賣的方式實現擔保物權。

一、因法定原因而提前到期

債務人不履行到期債務的情況有兩種，一種情形是債權已屆清償期而未受清償，這是最常見的不履行到期債務；第二種情形是債權未屆清償期，但發生了法定原因或者約定事由，導致債務人的債務提前到期，在法定或者約定提前到期的前提下，債務人逾期歸還貸款。因法定原因導致債務人的債務提前到期，主要表現為：

1.《中華人民共和國破產法》第46條規定：「未到期的債權，

在破產申請受理時視為到期。附利息的債權自破產申請受理時起停止計息。」以及第47條規定：「附條件、附期限的債權和訴訟、仲裁未決的債權，債權人可以申報。」這表示債務人一旦破產，便喪失期限利益。因此當債務人進入破產程序時，銀行可以據此向擔保物權人主張實現抵押權或質權。

2.《最高人民法院關於適用〈中華人民共和國擔保法〉若干問題的解釋》第70條規定：「抵押人的行為足以使抵押物價值減少的，抵押權人請求抵押人恢復原狀或提供擔保遭到拒絕時，抵押權人可以請求債務人履行債務，也可以請求提前行使抵押權。」也就是抵押人不當的行為會使其喪失期限利益，因此銀行做為債權人，同樣可以依據法律規定，向抵押人主張提前實現抵押權。

二、因發生約定事由而提前到期

因發生約定事由導致債務人的債務提前到期，主要表現為：

1.《中華人民共和國合同法》第203條規定：「借款人未按照約定的借款用途使用借款的，貸款人可以停止發放借款、提前收回借款或者解除合同。」因此，銀行可以在借款合同中對借款人擅自改變借款資金用途的行為約定為違約行為，並要求借款人提前歸還借款，進而向抵押人或出質人主張實現擔保物權。

2. 根據意思自治原則，在不違反法律法規的前提下，銀行可以與借款人在合同中約定銀行可以提前收回貸款的情形，比如：

（1）借款人向銀行提供虛假的情況或隱瞞真實的重要情況，不配合銀行的調查、審查和檢查。

（2）借款人利用與關聯方之間的虛假合同，以無實際貿易背

景的應收票據、應收帳款等債權到銀行貼現或質押，套
取銀行資金或授信。

（3）借款人信用狀況下降，或客戶的盈利能力、償債能力、
營運能力和現金流量等財務指標惡化，突破約定的指標
約束或其他財務約定。

（4）借款人涉及重大經濟糾紛、訴訟、仲裁，或其資產被查
封、扣押、凍結或被強制執行，或被司法機關或稅務、
工商等行政機關依法立案查處或依法採取處罰措施，已
經或可能影響到其在借款合同項下義務的履行。

　　銀行可以根據實務中遭遇的案例，對提前收回貸款的情形進
行預先約定，避免發生損害銀行權益的事件發生。

三、約定實現擔保物權的情形

　　發生當事人約定的實現擔保物權的情形，表現為銀行與擔保
人在擔保合同中約定，比如：債務人不履行主合同項下到期債務
或不履行被宣布提前到期的債務，或債務人違反主合同的約定，
銀行便有權處分抵押財產（質物）。

　　因此，債務人逾期不還款並不是銀行實現擔保物權的唯一原
因，如果發生雙方約定可以實現抵押權或質權的原因，銀行也同
樣可以依約定行使擔保物權。

【18】不動產、動產、其他財產的強制執行

在中國大陸，可以強制執行的法律文書主要包括：（1）法院判決與裁定；（2）調解書和其他法律文書（如支付令）；（3）仲裁裁決；（4）強制執行公證文書。

一、執行主體

對於法院判決、裁定、調解書的強制執行案件，由第一審人民法院或者與第一審人民法院同級的被執行財產所在地人民法院執行；對於仲裁裁決的強制執行案件，由被執行人住所地或者被執行財產所在地的中級人民法院管轄；對於經過公證處證明有強制執行效力的債權文書，則應向被執行人住所地或者被執行人財產所在地的基層人民法院申請執行。

必須注意的是，申請執行的期間為2年。「2年」的起算點分別按照如下情況處理：

1. 從法律文書規定履行期間的最後1日起計算。
2. 分期履行的，從每次履行期間的最後1日起計算。
3. 法律文書未規定履行期間的，從法律文書生效之日起計算。

二、財產評估

不動產、動產、其他財產（統稱「被執行財產」）的執行方法一般可分為拍賣、變賣、抵債。當然，在處置被執行財產之前，應當先對其進行評估。根據中國大陸《最高人民法院關於人民法院委託評估、拍賣和變賣工作的若干規定》，法院選擇評估機構，

應當在法院委託評估機構名冊內採取公開隨機的方式選定，因此，如果申請執行人和被執行人對評估機構的選擇無法達成一致意見，通常執行法官會採用搖號方式進行。對異地的財產進行評估或拍賣時，可以委託財產所在地人民法院辦理。

根據《最高人民法院關於人民法院民事執行中拍賣、變賣財產的規定》，法院收到評估機構做出的評估報告後，應當在5日內將評估報告發送當事人及其他利害關係人。當事人或者其他利害關係人對評估報告有異議時，可以在收到評估報告後10日內以書面形式向人民法院提出。如果當事人或者其他利害關係人有證據證明評估機構、評估人員不具備相應的評估資格或者評估程序嚴重違法而申請重新評估，法院應當准許。

三、拍賣

選擇拍賣機構與選擇評估機構一樣採用搖號方式進行，雙方當事人不到場不影響搖號程序的進行。實務中，以上海市浦東新區法院為例，對目標1,000萬以上的拍賣案件，原則上採取聯合拍賣的形式，也就是選取2家拍賣機構，其中一家為主拍機構。

在拍賣前由法院參照評估所訂的價格為拍賣保留價，未做評估的話則參照市價確定，並應當徵詢有關當事人的意見。法院確定的保留價，第一次拍賣時，不得低於評估價或者市價的80%；如果出現流拍，再行拍賣時，可以酌情降低保留價，但每次降低的數額不得超過前次保留價的20%。

保留價確定後，法院依據本次拍賣保留價計算，若拍賣所得價款在清償優先債權和強制執行費用後無剩餘可能時，應當在實

施拍賣前將有關情況通知申請執行人。申請執行人於收到通知後若5日內申請繼續拍賣，法院將重新確定保留價；重新確定的保留價應當大於該優先債權及強制執行費用的總額。如果因此出現流拍，拍賣費用將由申請執行人負擔。

　　拍賣不動產，法院會在拍賣15日前公告。競買人應當於拍賣前向法院預交保證金。申請執行人若參加競買，可以不預交保證金。保證金的數額由法院確定，但不得低於評估價或者市價的5%。如果經過兩次拍賣均流拍，法院可以將不動產作價交申請執行人抵債。如果申請執行人拒絕接受，法院應在60日內進行第三次拍賣。如果第三次拍賣流拍且申請執行人拒絕接受或抵債，法院應當於第三次拍賣終結之日起7日內發出變賣公告。自公告之日起60日內沒有買受人願意以第三次拍賣的保留價買受該財產，且申請執行人仍不表示接受該財產抵債，則解除查封，將該財產退還被執行人。

　　在中國大陸，不動產和其他財產（比如股權）採用「三拍」，而動產採用「二拍」，且不論是動產、不動產還是其他財產，拍賣時的第一次保留價不得低於評估價80%，後續拍賣每次降低的數額不得超過前次保留價的20%。

【19】台灣判決、仲裁裁決如何在中國大陸承認和執行

　　根據2015年7月1日實施的兩項關於中國大陸最高人民法院認可和執行台灣地區法院民事判決、仲裁裁決的新規定，申請人可以向中國大陸法院申請認可和執行台灣判決或仲裁裁決。由於台灣並沒有如香港那樣與中國大陸簽定相互執行仲裁裁決的雙邊協議，因此台灣仲裁裁決在中國大陸執行必須經過認可的程序方能執行。對於民事判決，台灣和香港一樣都必須經認可後執行。

一、中國大陸承認和執行台灣判決的條件和程序

　　1. 可向中國大陸法院申請認可和執行的台灣民事判決，是指台灣地區法院做出的生效民事判決書、民事裁定書、和解筆錄、調解筆錄、法院支付命令等，以及在刑事案件中做出的有關民事損害賠償的生效判決、裁定、和解筆錄；或者由台灣地區鄉鎮市調解委員會等出具並經台灣地區法院核定，與台灣地區法院生效民事判決具有同等效力的調解文書。

　　申請人必須同時提出認可和執行台灣地區民事判決申請，不申請認可的，法院將裁定駁回執行申請。

　　2. 申請承認和執行時限：法律文書生效後2年內提出。若申請人僅申請認可而未同時申請執行，申請執行的期間自人民法院對認可申請做出的裁定生效之日起重新計算。

　　3. 管轄法院：申請人住所地、經常居住地或者被申請人住所地、經常居住地、財產所在地中級人民法院。

4. 申請人申請認可台灣地區法院民事判決時，應當提交申請書，並附有台灣地區有關法院民事判決文書和民事判決確定證明書的正本，或者經證明無誤的副本。台灣地區法院民事判決為缺席判決（編註：指法院在一方當事人缺席時所做出的判決）時，申請人應當同時提交台灣地區法院已經合法傳喚當事人的證明文件，但判決已經對此予以明確說明的除外。申請人可以申請人民法院通過海峽兩岸調查取證司法互助途徑，查明台灣地區法院民事判決的真實性和是否生效，以及當事人得到合法傳喚的證明文件。

5. 不予認可的民事判決：

（1）申請認可的民事判決，是在被申請人缺席又未經合法傳喚，或者在被申請人無訴訟行為能力又未得到適當代理的情況下做出的。

（2）案件是中國大陸人民法院專屬管轄的。

（3）案件雙方當事人訂有有效仲裁協議，且無放棄仲裁管轄情形。

（4）案件是中國大陸人民法院已做出判決，或者中國大陸的仲裁庭已做出仲裁裁決的。

（5）香港及澳門特別行政區或者外國的法院已就同一爭議做出判決，且已為中國大陸人民法院所認可或者承認。

（6）台灣地區、香港特別行政區、澳門特別行政區或者外國的仲裁庭已就同一爭議做出仲裁裁決，且已為中國大陸人民法院所認可或者承認。

若認可該民事判決將違反一個中國原則等中國國家法律的基本原則或者損害社會公共利益，人民法院會裁定不予認可。

二、中國大陸承認和執行台灣裁決的條件和程序

1. 可向中國大陸法院申請認可和執行的台灣地區仲裁裁決，主要是指常設仲裁機構及臨時仲裁庭在台灣地區按照台灣地區仲裁規定，就有關民商事爭議做出的仲裁裁決，包括仲裁判斷、仲裁和解和仲裁調解。

申請人必須同時提出認可和執行台灣地區仲裁裁決申請，不申請認可的，法院將裁定駁回執行申請。

2. 申請承認和執行時限：同前。

3. 管轄法院：同前。

4. 申請認可台灣地區仲裁裁決，應當提交申請書、仲裁協議、仲裁判決書、仲裁和解書或者仲裁調解書。申請人可以申請人民法院通過海峽兩岸調查取證司法互助途徑，查明台灣地區仲裁裁決的真實性。

5. 不予認可的仲裁裁決：

（1）仲裁協議一方當事人依對其適用的法律，在訂立仲裁協議時屬於無行為能力；或者依當事人約定的準據法，或當事人沒有約定適用的準據法而依台灣地區仲裁規定，該仲裁協議無效的；或者當事人之間沒有達成書面仲裁協議的，但申請認可台灣地區仲裁調解的除外。

（2）被申請人未接到選任仲裁員或進行仲裁程序的適當通知，或者由於其他不可歸責於被申請人的原因而未能陳述意見的。

（3）裁決所處理的爭議不是提交仲裁的爭議，或者不在仲裁

協議範圍之內；或者裁決載有超出當事人提交仲裁範圍的事項的決定，但裁決中超出提交仲裁範圍的事項的決定與提交仲裁事項的決定若可以分開，裁決中關於提交仲裁事項的決定部分可以予以認可。

（4）仲裁庭的組成或者仲裁程序違反當事人的約定，或者在當事人沒有約定時與台灣地區仲裁規定不符的。

（5）裁決對當事人尚無約束力，或者已經由台灣地區法院撤銷或者駁回執行申請的。

【20】大陸銀行票據規定──支票

支票是由出票人簽發，委託辦理存款業務的銀行或其他金融機構，在見票時無條件支付確定金額給收款人或者持票人的票據。

一、支票的分類

支票有現金支票、轉帳支票、普通支票三種。

1. 現金支票只能用於支取現金，它可以由存款人簽發用於到銀行為本單位提取現金，也可以簽發給其他單位和個人用來辦理結算或者委託銀行代為支付現金給收款人。

2 轉帳支票只能用於轉帳，它適用於存款人給同一城市範圍內的收款單位劃轉款項，用來辦理商品交易、勞務供應、清償債務和其他往來款項結算。

3. 普通支票可以用於支取現金，也可以用於轉帳。但在普通支票左上角畫兩條平行線的為畫線支票，只能用於轉帳，不能支取現金。

二、支票結算的基本規定

1. 支票的使用範圍：按照規定，凡是在銀行開立帳戶的企業、社會團體和其他單位，其在同一城市或票據交換地區的商品交易、勞務供應、債務清償和其他款項結算等，均可使用支票。

2. 除定額支票外，支票一律記名。經中國人民銀行總行批准的地區其轉帳支票還允許背書轉讓，背書轉讓必須連續。

3. 支票金額最小為100元。

4. 支票的付款有效期為5天,背書轉讓地區的轉帳支票有效期為10天,從簽發的次日算起,遇例假日順延。過期支票作廢,銀行不予受理。

5. 簽發支票要用墨汁或碳素墨水填寫,也可以使用支票打印機。支票大小寫金額和收款人、日期三處不得塗改,其他內容如有改動須由簽發人加蓋預留銀行印鑑之一證明。

簽發缺印鑑或帳號錯誤的支票,及簽發的支票印鑑不符、帳號戶名不符、密碼號不符,銀行可以處支票金額5%但不低於1,000元的罰款。

6. 簽發現金支票須符合現金管理規定。收款單位憑現金支票收取現金,須在支票背面加蓋單位公章,也就是背書,同時收款單位到簽發單位開戶銀行支取現金,應按銀行規定交驗有關證件。

7. 付款單位必須在其銀行存款餘額內簽發支票,簽發的支票金額不得超過銀行存款餘額。如簽發的支票金額超過銀行存款餘額,銀行會處以支票金額5%但不低於1,000元的罰金,且持票人有權要求出票人賠償支票金額2%的賠償金。如果屢次發生,銀行可根據情節給予警告或通報批評,直到出票人停止簽發支票。

8. 不准簽發遠期支票。遠期支票是指簽發當日以後日期的支票。因為簽發遠期支票容易造成空頭支票,所以銀行禁止簽發遠期支票。

9. 不准出租、出借支票。

10. 已簽發的現金支票若遺失,可以向銀行申請掛失;掛失前已經支付的,銀行不予受理。已簽發的轉帳支票若遺失,銀行不受理掛失,但可以請收款單位協助防範。

三、支票結算程序

（一）現金支票結算的基本程序

　　1. 開戶單位用現金支票提取現金時，由單位出納人員簽發現金支票並加蓋銀行預留印鑑後，到開戶銀行提取現金。

　　2. 開戶單位用現金支票向外單位或個人支付，由付款單位出納人員簽發現金支票並加蓋銀行預留印鑑和註明收款人後交收款人，收款人持現金支票到付款單位開戶銀行提取現金，並按照銀行的要求交驗相關證件。

（二）轉帳支票結算的基本程序

　　1. 由簽發人交收款人辦理結算，其結算程序為：

　　（1）付款人簽發轉帳支票交收款人。

　　（2）收款人持票並填進帳單到開戶行辦理入帳。

　　（3）銀行間辦理劃撥。

　　（4）收款人開戶銀行下收款通知。

　　2. 由簽發人交簽發人開戶銀行辦理結算。其結算程序如下：

　　（1）簽發轉帳支票並填進帳單辦理轉帳。

　　（2）銀行間辦理劃撥。

　　（3）收款人開戶銀行下收款通知。

【21】中國大陸銀行票據規定——銀行本票

　　銀行本票是由銀行簽發，並由銀行承諾在見票時無條件支付確定的金額給收款人或者持票人的一種結算票據。根據《中華人民共和國票據法》規定，銀行必須具有支付本票金額的可靠資金來源，並保證支付。所以銀行開具銀行本票之前提，必須由申請人將款項全額交存銀行做為銀行本票保證金。

一、銀行本票分類

　　銀行本票按照其金額是否固定，可分為不定額和定額兩種。定額銀行本票面額為1,000元、5,000元、10,000元和50,000元，由中國人民銀行做為出票人，但實務中多使用不定額銀行本票，不定額銀行本票由各商業銀行做為出票人。

二、銀行本票使用範圍及對象

　　銀行本票用於單位或個人之間同一票據交換區域內使用，以前由於資訊交換不發達，同一票據交換區域常常為一個縣（或縣級市），隨著資訊交換方式的不斷發展，逐步擴大地級市或更大的區域做為一個票據交換區。

　　銀行本票適用於單位和個人各種款項結算，可以用於轉帳，若填明「現金」字樣的銀行本票，也可以用於支取現金，但現金銀行本票的申請人和收款人均須為個人。

三、銀行本票的使用

1. 銀行本票開具及結算

銀行本票由實際付款人填寫「銀行本票申請書」，並將申請付款金額的資金存入商業銀行做為保證金，然後從商業銀行處取得由商業銀行開具的銀行本票，以此銀行本票支付給收款人用於資金結算。若申請人或收款人為單位，不得申請簽發現金銀行本票。

銀行本票收款人或持票人在銀行本票開具之日起2個月內，可以向收款人開戶銀行請求付款，由代理銀行向銀行本票的出票銀行收取銀行本票記載的款項，收款人開戶銀行做為付款代理銀行無條件支付銀行本票記載款項給收款人。

因此，實際付款人將銀行本票交付收款人後至收款人實際收款，實際結算基本已不涉及實際付款人的具體操作，實際付款人在交付銀行本票時一般直接視為實際已支付收款人相應的款項。

2. 銀行本票的背書轉讓

除了銀行現金本票之外，銀行本票可以進行背書轉讓，把銀行本票對應的收款權利轉讓給被背書人。背書轉讓具有以下法律效力：

（1）背書轉讓無須經票據債務人同意。背書人無須通知票據債務人，只要按規定格式要求完成背書行為，就構成有效的票據權利轉讓。

（2）背書轉讓的轉讓人不退出票據關係。背書轉讓後，轉讓人並不退出票據關係，仍對其被背書人及其後手承負擔保承兌和擔保付款的責任，但如果背書人註明「不得轉

讓」字樣，則僅對被背書人承負擔保承兌和擔保付款的
責任，不再對被背書人的後手承負相應責任。

3. 銀行本票的收款

銀行本票付款期限最長不得超過2個月，也就是自出票日起，
銀行本票收款人或持有人須向銀行提示付款，此處的銀行一般為
收款人或持有人開戶商業銀行，也就是代理付款行，此銀行須無
條件支付銀行本票的款項給申請付款人。

4. 銀行本票未按規定期限收款處理方式

若銀行本票收款人或持有人在銀行本票開具之日起2個月內未
提示付款，則持票人喪失對出票人之外的前手追索權，只能在銀
行本票付款期到期日起2年內向出票銀行請示付款。

5. 銀行本票若喪失，失票人可以憑人民法院出具其享有票據
權利的證明，向出票銀行請求付款或退款。

6. 銀行本票的開具轉讓、背書轉讓等，要嚴格遵守中國大陸
票據法的格式要求，否則會被視為存在瑕疵，代理付款銀行可拒
絕付款。

【22】中國大陸銀行票據規定
──銀行承兌匯票、商業承兌匯票

商業匯票是由出票人簽發，委託付款人在指定日期無條件支付確定的金額給收款人或者持票人的票據。商業匯票分為商業承兌匯票和銀行承兌匯票。商業承兌匯票由企業開具，到期由企業無條件付款；銀行承兌匯票由企業申請，銀行開具，由銀行無條件到期付款。

一、商業匯票使用範圍及對象

在銀行開立存款帳戶的法人以及其他組織之間，必須具有真實的交易關係或債權債務關係，才能使用商業匯票。

二、商業匯票的簽發與承兌

1. 簽發

商業承兌匯票可以由付款人簽發並承兌，也可以由收款人簽發交由付款人承兌。銀行承兌匯票應由在承兌銀行開立存款帳戶的存款人簽發。

商業匯票必須記載如下事項：（1）表明「商業承兌匯票」或「銀行承兌匯票」的字樣；（2）無條件支付的委託；（3）確定的金額；（4）付款人名稱；（5）收款人名稱；（6）出票日期；（7）出票人簽章。若缺少記載上列事項之一，則票據無效。另須注意，商業匯票的付款期限，最長不得超過6個月。

2. 承兌

商業匯票可以在出票時向付款人提示承兌後使用，也可以在出票後先使用再向付款人提示承兌。定日付款或者出票後定期付款的商業匯票，持票人應當在匯票到期日前向付款人提示承兌。見票後定期付款的匯票，持票人應當自出票日起1個月內向付款人提示承兌。商業匯票的付款人接到出票人或持票人向其提示承兌的匯票時，應當向出票人或持票人簽發收到匯票的回單，記明匯票提示承兌日期並簽章。

付款人應當在自收到提示承兌的匯票之日起3日內，承兌或者拒絕承兌。若付款人拒絕承兌，必須出具拒絕承兌的證明。

匯票若未按照規定期限提示承兌，持票人便喪失對其前手的追索權。

三、商業匯票貼現

符合條件的商業匯票的持票人，可持未到期的商業匯票連同貼現憑證，向銀行申請貼現。貼現銀行可持未到期的商業匯票向其他銀行轉貼現，也可向中國人民銀行申請再貼現。貼現、轉貼現、再貼現時，應做成轉讓背書，並提供貼現申請人與其直接前手之間的發票和商品發運單據影本。

貼現、轉貼現、再貼現到期時，貼現、轉貼現、再貼現銀行應向付款人收取票款。若不獲付款，貼現、轉貼現、再貼現銀行應向其前手追索票款。貼現、再貼現銀行追索票款時，可從申請人的存款帳戶收取票款。

四、二者區別

1. 承兌對象不同

銀行承兌匯票是出票人簽發，由銀行承兌，委託付款人在指定日期無條件支付確定的金額給收款人或者持票人。

商業承兌匯票是出票人簽發，由非銀行的付款人承兌，委託付款人在指定日期無條件支付確定的金額給收款人或者持票人。

2. 匯票到期時處理方式不同

銀行承兌匯票到期時，如果購貨企業不能足額支付票款，則由承兌銀行按承兌協議向持票人支付款項，對購貨企業按逾期借款處理，持票人可以按期收回貨款。

商業承兌匯票到期時，若付款人帳戶資金不足支付，銀行不負責付款，由購銷雙方自行處理。銀行填製付款人未付票款通知書，連同商業承兌匯票寄持票人開戶銀行轉交持票人。

3. 手續費

銀行承兌匯票的承兌銀行，應按票面金額向出票人收取一定比例的手續費；商業承兌匯票承兌時，無須支付手續費。

【23】中國大陸銀行票據規定——銀行匯票

銀行匯票是指由出票銀行簽發，由其在見票時按照實際結算金額無條件付給收款人或者持票人的票據。銀行匯票多用於辦理異地轉帳結算和支取現金，尤其是在異地採購金額不確定的情況下，可以先確定一個限額，在該限額內按實結算，給票據的使用者帶來了一定的便利。

一、銀行匯票使用範圍及對象

銀行匯票用於單位或個人之間異地結算，適用於單位和個人各種款項結算。銀行匯票可以用於轉帳，若填明「現金」字樣的銀行匯票，也可以用於支取現金，但現金銀行匯票的申請人和收款人均須為個人。

二、銀行匯票的簽發與結算

1. 銀行匯票簽發

要求使用銀行匯票辦理結算業務的單位或個人，應向簽發銀行提交「銀行匯票委託書」，在「銀行匯票委託書」上逐項寫明匯款人名稱和帳號、收款人名稱和帳號、兌付地點、匯款金額、匯款用途等內容，在「匯款委託書」上加蓋匯款人預留銀行的印鑑，並確認匯款人帳戶上存款餘額不少於申請金額。如匯款人未在銀行開立存款帳戶，則可以交存現金辦理匯票。

「銀行匯票委託書」一式三聯，其中第一聯是存根，經由簽發銀行蓋章後，匯款人留存做為記帳憑證的原始憑證；第二聯是支

款憑證，是簽發行辦理匯票的傳出傳票；第三聯為收入憑證，由簽發行做為匯出匯款收入傳票。

簽發銀行在受理「銀行匯票委託書」後，經過驗對「銀行匯票委託書」內容和印鑑，並在辦妥轉帳或收妥現金之後，向匯款人簽發銀行匯票。對個體工商戶和個人需要支取現金的，在匯票「匯款金額」欄先填寫「現金」字樣，後填寫匯款金額，再加蓋印章並用壓數機（編註：類似支票機）壓印匯款金額（也就是本匯票可以支付的金額上限，實際結算金額可以少於該金額），將銀行匯票及銀行匯票委託書第一聯交給匯款人。

2. 銀行匯票結算

銀行匯票一式四聯，第一聯由簽發行結清匯票時做為匯出匯款付出傳票；第二聯為銀行匯票，與第三聯解訖通知一併交由匯款人，在兌付行兌付匯票後此聯做為聯行往來帳付出傳票；第三聯是解訖通知，在兌付行兌付後隨報單寄簽發行，由簽發行做為餘款收入傳票；第四聯是多餘款通知，在簽發行結清後交匯款人。

三、其他

（一）匯票可背書轉讓，背書應當連續。背書轉讓具有以下法律效力：

1. 背書轉讓無須經票據債務人同意。在票據背書轉讓時，背書人無須知會票據債務人，只要按規定格式要求完成背書行為，就構成有效的票據權利轉讓。

2. 背書轉讓的轉讓人不退出票據關係。背書轉讓後，轉讓人並不退出票據關係，仍對其被背書人及其後手承負擔保承兌和擔

保付款的責任，但如果背書人註明「不得轉讓」字樣，則僅對被背書人承負擔保承兌和擔保付款的責任，不再對被背書人的後手承擔相應責任。

（二）若銀行匯票收款人或持有人在銀行匯票開具之日起2個月內未提示付款，則收款人或持票人對出票人之外的前手喪失追索權，只能在銀行匯票付款期到期日起2年內向出票銀行請示付款。

【24】中國大陸銀行票據遺失之法律風險分析

中國大陸的票據包括匯票（銀行匯票和商業匯票）、本票（銀行本票）和支票。商業匯票中最常見的是銀行承兌匯票，也就是在承兌銀行開立存款帳戶的存款人簽發匯票，由開戶銀行承兌。和台灣有所區別的是，中國對本票的出票人限定為銀行，因此中國大陸沒有商業本票一說，也就是不存在公司或個人簽發的本票。

如果持票人不慎遺失票據，或者發生票據被盜的情形，根據中國大陸票據法的規定，失票人可以通過掛失止付、公示催告、提起訴訟方式來保護自己的權利。

一、掛失止付

掛失止付是持票人喪失票據後，通知付款人或代理付款人暫停支付的一種補救措施。中國大陸台資銀行在受理票據掛失業務時，必須注意：

1. 銀行應注意掛失止付的適用範圍。根據中國大陸票據法規定，並不是所有的票據都可以掛失止付，只有記載了付款人或者能確定付款人及代理付款人的票據，才能掛失止付。

2. 實務中可以掛失止付的票據，包括以下四類：（1）填明「現金」字樣和代理付款行的銀行匯票；（2）已經承兌的商業承兌匯票和銀行承兌匯票；（3）支票；（4）填明「現金」字樣的銀行本票。

以銀行匯票為例，匯票銀行不能受理轉帳銀行掛失止付，因為轉帳銀行匯票可以流通轉讓，其代理付款銀行難以確定，中國

大陸辦理匯票業務的其（指出具匯票的銀行）本系統銀行或簽約銀行都有可能成為該銀行匯票的代理付款行，因此轉帳銀行匯票喪失後，不能掛失止付，而應當直接申請公示催告或提起訴訟。

至於現金銀行匯票，只要出票銀行在簽發現金銀行匯票時有填寫代理付款行名稱，以便收款人到指定的銀行支取現金，則該匯票的代理付款人是明確的，因而可以掛失止付。

二、公示催告

對於失票人而言，掛失止付僅是票據喪失後防止票據款項被領取的臨時性預防措施，付款人或代理付款人若在收到掛失止付通知書12日內未收到法院支付通知書，從第13日起，若有其他持票人提示付款，付款銀行仍應付款，因此對於失票人而言不具有持續性效力，失票人應及時向法院申請公示催告。

根據中國大陸民事訴訟法的規定，可以背書轉讓的票據持票人，因票據被盜、遺失或者滅失，可以向票據支付地的基層人民法院申請公示催告。

法院依據以下資料決定是否受理：

1. 票據存根。

2. 喪失票據的影本。

3. 出票人關於簽發票據的證明。

4. 失票人合法取得票據的證明。

5. 銀行掛失止付通知書。

6. 報案證明等證據。

人民法院決定受理申請後，會立即通知支付人停止支付，並

在3日內發出公告催促利害關係人申報權利。公示催告的期間不少於60日。公示催告期間若沒有人申報，法院根據失票人的申請，做出除權判決，宣告票據無效。自判決公告之日起，失票人有權向付款人請求支付。如果在公示催告期間，法院收到利害關係人的申報，則裁定終結公示催告程序，並通知失票人，由失票人向人民法院另案起訴。

鑑於公示催告期間，轉讓票據權利的行為無效，因此如果持票人是在公示催告期間之前受讓取得票據，則應做為利害關係人及時向公示催告法院申報。否則，如果沒有正當理由不申報權利的話，該票據便會被宣布為無效票據。如果持票人是在公示催告期間善意取得票據，雖然轉讓票據權利的行為無效，但仍可以票據糾紛或合同糾紛等理由，向法院提起訴訟以解決爭議。

第二篇

外匯

【25】十三五規劃台商資金重點分析

十三五規劃對未來五年中國的貨幣市場與資本市場提出明確施政藍圖，台商應提早布局，為企業日後的資金安排預做準備。

2015年11月3日中國大陸官方公布了2016年至2020年的第十三個五年計畫（又稱十三五規劃），類似的五年一次經濟計畫，對台商預測中國大陸經濟發展方向，以及了解中國大陸中央財政將投往哪些領域，會有極大幫助。

此次十三五規劃除產業政策外，會從三個方面直接影響台商資金的使用效率與融資成本問題。

一、匯率和利率市場化

早在2013年7月20日，人民銀行就已針對貸款利率開放給銀行自行決定，至於存款利率雖然未有明確開放時間，但在10月23日人行降息過程中，也已完全開放存款利率上限，讓銀行自行決定存款利率。

和利率比起來，匯率問題不但複雜，牽涉層面更廣，因此人民銀行對匯率自由化也最為慎重，特別是2015年人民幣對美元匯率出現劇烈波動後，在岸、離岸匯率不只存在差異，還頻頻出現倒掛現象（編註：指貨幣在境內、外的匯率呈相反走勢），可以看出，雖然十三五規劃喊出要加速推動利率和匯率市場化的目標，但最終肯定是利率自由化先行，匯率自由化得等到人民幣資本項下先開放自由結購匯後，匯率市場化的目標才可能實現。因此，十三五規劃期間，人民幣外匯仍可能劇烈波動，雖然台商有可能會面

臨較大外匯損失風險，但另一方面境內境外的融資資金成本也將
被大幅拉近，使台商在中國大陸境內融資成本進一步下降。

二、資本項目可兌換與人民幣國際化

十三五規劃期間中國大陸官方將轉變外匯管理主軸，從正面
清單轉變為負面清單管理，也將會放寬境外投資匯兌限制，並進
一步放寬企業和個人外匯管理要求，針對跨國公司的境內外資金
調度將採取更大彈性，這將為台灣人民幣回流中國大陸給予更多
空間，也降低台商在人民幣、美元、台幣三者間的外匯風險。

另一方面，人民幣勢必會因加入特別提款權（SDR），使國際
間使用人民幣做為國際貿易結算貨幣的比重上升，給予人民幣資
本項目下可自由兌換提供更扎實的基礎，雖然眼前中國大陸境內
資本項下外匯管制仍非常嚴格，資本項下的結匯與購匯限制也較
多，但由於上海自貿區已推動資本項下結、購匯自由化，做為自
貿區金融改革目標，由此看來，十三五規劃期間資本項下可自由
兌換將是無庸置疑的事。

面對十三五規劃期間中國大陸資本項下可自由兌換與人民幣
國際化的必然結果，台商必須轉變過去的美元思維，在考量降低
匯兌風險與資金使用效益兩大前提下，重新排列組合企業資金池
中的貨幣部位，同時加強人民幣思維的比重，才會使資金綜效發
揮到極大化。

三、進一步發展資本市場

十三五規劃已明確中國大陸將重視資本市場對總體經濟的

價值，最重要的就是改革股票和債券發行交易制度，從這一點來看，2016年推出「註冊制」勢在必行，中國大陸官方會透過執行新的企業上市遊戲規則，從最根本去挑選優質上市公司，改變中國大陸資本市場體質，再藉由目前已初具雛形的多層次資本市場架構，快速消化那些急需透過上市才能解決資金問題的企業，使直接融資比重大幅提升，也就是說十三五規劃將把台商在A股上市的大門再扳開一些，可預見的五年內，中國大陸資本市場勢必將出現所謂台資板塊，在實體產業外形成另一個台商聚落。

【26】資本項下外債與經常項下外債差異分析

　　台商在中國大陸屬於外商投資企業，投資總額與註冊資本的差額，可以從境外借入資金，這就是台商熟悉的外債，這種外債屬於「資本項下」外債，主要是依中國國家外匯管理局2013年19號文《外債登記管理辦法》進行管理；另一方面，企業在進出口的跨境交易中，會產生應付、預收債務，也是種外債，只不過是歸屬於「貿易項下」外債，「貿易項下」是按中國大陸外匯局2012年38號文《國家外匯管理局關於印發貨物貿易外匯管理法規有關問題的通知》進行管理。「貿易項下」外債與「資本項下」外債存在較大的管理方式差異。

一、外債額度計算上的差異

1. 資本項下外債

　　之前已分析，「資本項下」外債額度為外商投資企業「投資總額與註冊資本的差額」，並且區分為1年期和1年期以內的短期外債，以及1年期以上的中長期外債。如果是借用短期外債，則按餘額扣減額度進行管理，只要還掉短期外債，額度便可重生，也就是額度可循環使用；如果借的是中長期外債，則按發生額扣減額度，也就是額度只能使用一次。

2. 貿易項下外債

　　根據38號文規定，外匯核銷不須逐筆核銷，採總量管控作法，同時預收貨款、預付貨款、延期收款或延期付款等，各種貿易信貸餘額比率如果大於25%時，外匯局可直接到公司實施現場

核查，這裡所謂的「貿易信貸餘額比率」＝（預收餘額＋預付餘額＋延收餘額＋延付餘額）÷（∑進口額＋∑收匯額＋∑出口額＋∑付匯額）×100%，台商在進行資金規劃時，須嚴格控制貿易信貸餘額在25%以下。

另外，與「資本項下」外債不同，「貿易項下」外債並無中、外資企業之分，任何企業只要從事進出口業務，均可在額度規定內合理利用「貿易項下」外債。

二、管理方式不同

「資本項下」外債在外債簽約登記及外債還款後的註銷環節，都須至企業所在地外匯局辦理登記手續，至於外債帳戶開立、提款、結匯等事項則由銀行審核，所以「資本項下」的外債是採「登記制」，未經外匯局登記程序，企業不能借用外債。

至於「貿易項下」外債則是採「報告制」，外匯局將企業的外匯等級區分為A、B、C三類，A類企業須對收款日至產品報關出口日超過30天的預收帳款進行報告，B類及C類企業則只要收到預收款就必須馬上報告；應付帳款部分，A類企業須對報關日至付款日超過90天的應付帳款進行報告，B類及C類企業的報告期限為30日，且不能辦理90天以上的應付帳款。

三、「貿易項下」、「資本項下」的外債規劃

「貿易項下」外債具有無須外匯局登記、僅須發生後進行報告且無結匯限制等優勢，但如果企業無跨境貿易行為，則無法利用「貿易項下」外債，僅能使用「資本項下」外債，但「資本項

下」外債則存在須經外匯局登記且結匯受限較多的缺點。

　　因此，如果台商有真實跨境貿易行為，則應當儘量利用「貿易項下」外債，從境外借入便宜資金，等到「貿易項下」外債額度已不敷使用時，再利用「資本項下」外債。別忘記，「貿易項下」資金結匯沒有限制，但「資本項下」資金結匯則須有合同、憑證等重重關卡。

【27】台資銀行在中國大陸從事境外貸款實務

對於中國大陸境內外資銀行對境外的企業進行貸款，人民銀行及外匯局都發布過相關規定，人民銀行管轄的是銀行對境外企業貸放「人民幣」業務，外匯局則是管轄銀行對境外企業貸放「外幣」業務。

一、「外幣」境外貸款規定

根據中國大陸《國家外匯管理條例》第20條，銀行業或金融機構在批准經營範圍內，可以直接向境外提供商業貸款，如果是其他境內機構要向境外提供商業貸款，則應向外匯局提出申請，外匯局會根據申請人的資產負債等情況，做出批准或不批准的決定。

簡單說，任何中國大陸的機構要向境外提供商業貸款，依規定都要向外匯局辦理登記手續，如果是中國大陸境內銀行，則可直接按外匯管理條例要求，經過外匯局批准後向境外提供商業貸款，但是要注意，在提供商業貸款後，必須在外匯局辦理相應登記手續。

以上海為例，上海市外匯局曾在2012年發布144號文《國家外匯管理局上海市分局關於規範外債等相關業務管理和統計監測的通知》，明確規定上海轄區內的中資銀行，在符合一定條件，且對境外貸款金額受額度限制條件的前提下，可進行境外貸款業務。但台資銀行必須注意的是，144號文沒有明確上海轄區內的外資銀行能否比照中資銀行辦理境外貸款業務。

　　至於寧波外匯局則在2011年以57號文《寧波市銀行跨境貸款對外債權登記管理辦法》，明確規定寧波市轄區內的中資、外資銀行均可按照規定進行境外貸款業務，所以寧波地區的台資銀行從事境外貸款業務完全沒問題。

　　從上述三份文件可以得到簡單結論，那就是台資銀行到底能不能從事對境外企業的外幣貸款業務，在各地外匯局規定中存在實務差異，中國大陸台資銀行在承做類似業務前，應直接與管轄所在地外匯局溝通，不可直接援用其他地區外匯局規定逕行辦理。

二、「人民幣」境外貸款規定

　　根據中國人民銀行2011年發布的255號文《中國人民銀行關於境內銀行業金融機構境外項目人民幣貸款的指導意見》，所謂「境外項目」是指境內機構所開展的各類境外投資和其他合作項目，像是直接投資、對外承包工程以及出口買方信貸等業務，都屬於「境外項目」。

　　其中，所謂「境外直接投資」，是指境內機構通過設立獨資、合資、合作，或是併購、參股等方式，在境外設立或取得既有企業或項目所有權、控制權或是經營管理權等權益，都稱為境外直接投資；至於對外承包工程，則是指中國的企業或其他單位，承包境外建設工程項目，像是諮詢、勘察、設計、監理、招標、造價、採購、施工、安裝、調試、運營等活動，都在境外建設工程項目定義範圍內。

　　銀行的「境外項目」人民幣貸款，必須是銀行向上述「境外項目」發放的人民幣貸款，才符合人民銀行的規定。

　　另外，若是具備國際結算業務能力或對外貸款經驗的銀行，在登入人民幣跨境收付信息管理系統後，也可直接開展境外項目的人民幣貸款業務，只要符合上述規定條件的境內銀行，都可以為符合條件的境外企業或項目發放人民幣貸款。所以中國大陸官方的態度非常清楚，那就是對外資銀行從事境外貸款業務，和中資銀行比較起來，仍有較多顧慮，也因此設下較多限制。

【28】境內外幣質押人民幣貸款解析

　　註冊資本或外債的外幣資金，都不允許拿來質押給中國大陸銀行換得人民幣貸款，只有貿易項下的外幣貨款才被允許質押擔保境內人民幣借款。

　　由於資本項下目前在中國大陸仍受高度外匯管制，因此，中國大陸台商為了活用還不能結匯的註冊資本，往往會想拿註冊資本中的外幣資金去質押給銀行，以換取人民幣貸款，好做為中國大陸境內流動資金之用。或是有台商判斷人民幣會走貶，不願意在近期就把美元註冊資本結匯為人民幣，因而也想操作外幣質押換取人民幣資金模式，以解決中國大陸境內資金問題。不管是何種情況，中國大陸台商想將手邊的境內外幣質押給中國大陸銀行以獲取人民幣借款，實務中是很常見的想法。

　　另外，這種以境內外幣資金質押給銀行貸款人民幣的作法，和之前分析，境外公司通過在境內銀行開立NRA帳戶（即境外機構境內帳戶，參見下一章），再利用NRA帳戶中的外幣存款進行質押，擔保境內企業取得人民幣貸款，兩種模式截然不同。

　　前者帳戶都屬於中國大陸境內帳戶，只是外幣和人民幣的幣別問題罷了，後者屬於「外保內貸」，須遵守2014年29號文《跨境擔保外匯管理規定》，且NRA在中國大陸外匯管理上仍屬境外外匯管理。

　　以下從台商取得境內外幣三種常見來源，分別分析是否可以操作質押外幣以取得人民幣貸款。

一、註冊資本

　　根據2011年中國大陸外匯局46號文《國家外匯管理局關於境內企業外匯質押人民幣貸款政策有關問題的通知》，為避免企業通過質押外幣註冊資本，在境內銀行取得人民幣貸款後惡意違約，達到繞過官方對外幣註冊資本監管的目的，因此規定取得境內人民幣貸款所提供質押的外匯來源，僅限於經常項目下的外匯帳戶，外匯資本金及待核查帳戶中的外匯資金都不能用於質押融資取得人民幣。

　　另根據外匯局2013年80號文《資本項目外匯業務操作指引（2013年版）》，企業如需使用外匯資本金結匯，以歸還已使用的人民幣貸款，須向銀行提交原貸款合同或委託貸款合同、與貸款合同所列用途一致的人民幣貸款資金使用發票、原貸款行出具的貸款發放對帳單等，附上這些貸款資金使用完畢的證明資料，外匯資本金才可結匯歸還已使用完畢的人民幣貸款。

二、外債

　　根據2013年中國大陸外匯局19號文《外債管理辦法》附件1-3的規定，境內企業借入的外幣外債，除擔保公司外，不能將外幣外債資金用於質押以取得境內銀行的人民幣貸款。此外還須注意，外幣外債結匯後，人民幣資金不能用於償還境內金融機構的人民幣貸款，但人民幣外債就沒有此項限制。

三、經常帳戶（貿易項下）

中國大陸外匯局2011年46號文規定，不管是中資還是外資企業，均可利用經常項目外匯帳戶（出口收匯待核查帳戶除外）內的資金進行質押，以便在境內金融機構取得人民幣貸款。

因此，中國大陸台商在出口收匯後所取得的外幣貨款，都滿足上述46號文要求，可以進行質押外幣換得人民幣貸款。只不過，如果台商認為人民幣看升，那麼直接將外幣貨款換匯為人民幣就可以了，不用繞一大圈，大費周章地辦理質押外幣以取得人民幣資金，所以對人民幣升貶的走勢判斷，直接影響台商在中國大陸人民幣資金的取得模式。

【29】NRA帳戶用途解析

NRA帳戶，也就是境外機構境內帳戶（Non-Resident Account，簡稱NRA帳戶），中國國家外匯管理局於2009年7月13日發布的《關於境外機構境內外匯帳戶管理有關問題的通知》（匯發[2009] 29號），允許境內銀行為境外機構開立境內外幣帳戶。2010年，隨著人民幣跨境貿易結算的推廣，中國人民銀行公布自2010年10月1日起實施《境外機構人民幣銀行結算帳戶管理辦法》（銀發[2010] 249號），NRA帳戶從僅有外幣帳戶調整為外幣及人民幣帳戶。

NRA帳戶除可用於貨物貿易、服務貿易、收益及經常轉移等經常項目結算收支外，還可用於質押融資，具體分析如下：

一、外保內貸項下質押融資

在境內企業無外債額度，不能從境外獲得貸款，或無可用於抵押的土地、廠房等情況下，其境外關聯公司在中國大陸的NRA帳戶資金餘額，可以做為境內企業從境內銀行獲得貸款的質押物，也就是外保內貸。

境內企業因外保內貸項下擔保履約形成的對外負債，其未償本金餘額不得超過其上年度末經審計的淨資產數額。超出上述限額的，須占用其自身的外債額度；若外債額度仍然不夠，按未經批准擅自對外借款進行處理。

二、貿易項下質押融資

境外企業將NRA帳戶中的資金做為保證金，由境內銀行為其

自身或關聯企業辦理貿易項下信用證業務。

企業運用NRA帳戶辦理質押融資業務時，還必須注意如下事項：

1. NRA人民幣帳戶餘額不占用境內銀行短期外債額度，而NRA外幣帳戶餘額則占用。

2. 90天以上的人民幣遠期信用證，不占用境內銀行融資性對外擔保餘額指標，而外幣信用證則占用。

實務中，銀行為規避匯率風險，通常將境內企業借用資金的幣別、開立保函或信用證的幣別，與NRA帳戶幣別保持一致，同時還會考慮上述銀行額度占用問題。因此，企業在考慮借款利率、借款用途、借款幣別、外債額度占用等事項外，還須與具體承辦銀行商談，在涉及到占用承辦銀行的外債額度或融資性對外擔保餘額指標時，還要考慮承辦銀行的意願。

另外，NRA外幣帳戶與境外帳戶以及其他NRA帳戶之間，可憑客戶指令自由劃轉，不受境內外匯管制；而NRA人民幣帳戶僅能用於跨境貨物貿易、服務貿易、收益及經常轉移等經常項目人民幣結算收支等，不能直接從境外收取人民幣至NRA人民幣帳戶。如此，一定程度限制了NRA人民幣帳戶的資金來源，也就限制了利用NRA人民幣帳戶的質押融資。

須注意的是，NRA外幣帳戶中的資金可定存或購買理財產品，NRA人民幣帳戶中的資金只能按活期存款計息。另外，對於NRA帳戶的利息收入按10%繳納企業所得稅（如開戶企業所在地與中國大陸有稅收協議，則按稅收協議稅率繳納）、5%繳納營業稅及其他附加稅費。

【30】外資銀行結售匯專用人民幣帳戶規定解析

結售匯業務，是指銀行為客戶或因自身經營活動需求，所辦理的人民幣與外匯之間兌換的業務，包括即期結售匯業務和人民幣與外匯衍生產品業務。即期結售匯業務是指在交易訂立日之後2個工作日內完成清算，且清算價格為交易訂立日當日匯價的結售匯交易；人民幣與外匯衍生產品業務，則指遠期結售匯、人民幣與外匯期貨、人民幣與外匯掉期、人民幣與外匯期權等業務及其組合。

為方便未取得人民幣業務資格的外資銀行辦理結售匯業務，中國人民銀行根據《銀行辦理結售匯業務管理辦法》（中國人民銀行令[2014]第2號），於2015年1月發布《關於外資銀行結售匯專用人民幣帳戶管理有關問題的通知》（銀發[2015] 12號），明確規定外資銀行結售匯專用人民幣帳戶開立、收支範圍等事項，具體解析如下：

一、帳戶開立

尚未取得人民幣業務資格的外資銀行，可以向中國大陸外匯局申請辦理即期結售匯業務，經批准，可持批覆文件申請開立「結售匯人民幣專用帳戶」。該帳戶可以在當地人民銀行開具，也可以在當地商業銀行開具。若在人民銀行和商業銀行均開立帳戶，兩個帳戶之間人民幣資金可自由劃轉，但只有在商業銀行開立的帳戶才可以進行人民幣現金存取。

二、帳戶收支範圍

收支範圍包括：1. 客戶購匯或結匯所劃入或劃出的人民幣款項或存取的人民幣現金；2. 在銀行間外匯市場賣出或買入外匯劃入或劃出的人民幣款項；3. 出售本行外匯資本金或營運資金劃入的人民幣款項，或將該款項劃出至該行一般人民幣帳戶。

三、帳戶管理

「結售匯人民幣專用帳戶」實行餘額管理，其帳戶餘額不得超過該銀行註冊外匯資本金或者營運資金的20%，餘額內銀行可自行進行人民幣與外幣的轉換。

同時要求銀行嚴格按相關規定使用該帳戶，並與銀行日常開支帳戶等其他人民幣帳戶分開管理。

四、帳戶關閉

外資銀行應在獲准開辦人民幣業務並獲批銀行結售匯綜合頭寸限額後，持主管外匯局的批准文件，及時向所在地人民銀行分支機構申請關閉在該機構開立的結售匯人民幣專用帳戶，帳戶內資金轉入該外資銀行在人民銀行開立的人民幣準備金帳戶。

五、相關罰則

銀行若未經批准擅自辦理結售匯業務，由外匯管理機關責令改正，有違法所得的，沒收違法所得，違法所得若超過50萬元以上，併處違法所得1倍以上5倍以下的罰款；沒有違法所得或者違

法所得不足50萬元，則處50萬元以上200萬元以下罰款；情節嚴
重的，由有關主管部門責令停業整頓或者吊銷業務許可證；若構
成犯罪的，依法追究刑事責任。

　　若違反規定辦理結匯、售匯業務，由外匯管理機關責令限期
改正，沒收違法所得，併處20萬元以上100萬元以下罰款；情節
嚴重或逾期不改正，由外匯管理機關責令停止經營相關業務。

六、其他事項

　　1. 獲得即期結售匯業務資格並開辦人民幣業務的外資銀行，
應向所在地外匯局申請銀行結售匯綜合頭寸限額，遵守結售匯綜
合頭寸管理規定，在規定時限內將結售匯綜合頭寸保持在核定限
額以內。因不適用結售匯人民幣專用帳戶的相關規定，故無須開
立「結售匯人民幣專用帳戶」。

　　2. 外國銀行分行實行頭寸集中管理後，若集中管理行和納入
集中管理的其他分支行均未開辦人民幣業務，則適用結售匯人民
幣專用帳戶的相關規定。若集中管理行已開辦人民幣業務，境內
其他分支行尚未開辦人民幣業務，則未開辦人民幣業務的分支行
仍適用結售匯人民幣專用帳戶的相關規定，但其結售匯人民幣專
用帳戶餘額應折算為美元，以負值計入集中管理行的頭寸。

【31】直接投資外匯改革政策解析

2015年2月28日，中國國家外匯管理局頒布了《國家外匯管理局關於進一步簡化和改進直接投資外匯管理政策的通知》（匯發[2015] 13號）。此次政策調整，包括直接取消境內和境外直接投資項下外匯登記核准、取消外匯年檢等措施。

一、受理外匯登記的主體調整

1. 直接投資外匯登記，由外匯局審批改由申請人註冊地銀行直接審核辦理。調整後，申請人應至註冊地銀行辦理相關直接投資外匯登記手續，並領取業務登記憑證（加蓋銀行業務專用章），做為辦理直接投資項下帳戶開立和資金匯兌等後續業務的依據。

2. 在非正常登記的情況下，如遇因客觀原因需要超出規定額度的直接投資前期費用登記、境內居民個人特殊目的公司外匯補登記以及其他規定不明確的業務需求，仍由申請人註冊地外匯局按照個案業務集體審議制度審核辦理，如有涉嫌違反外匯管理規定，將依法進行處理。

3. 境內居民個人參與境外上市公司股權激勵計畫所涉外匯業務，仍須由外匯局負責審核登記並向銀行出具證明辦理相關業務。

二、取消事項

1. 取消境內和境外直接投資項下外匯登記核准，改由銀行直接審核並辦理直接投資外匯登記，外匯局通過銀行對直接投資外匯登記實施間接監管。

2. 取消境內直接投資項下外國投資者非貨幣出資確認登記和外國投資者收購中方股權出資確認登記。

3. 取消境外再投資外匯備案,境內投資主體設立或控制的境外企業在境外再投資設立或控制新的境外企業,無須辦理外匯備案手續。

4. 取消直接投資外匯年檢,改為實行存量權益登記。外資企業應於每年9月30日(含)前,自行或委託會計師事務所、銀行通過外匯局資本項目信息系統,報送上年末境內直接投資存量權益資料。境外投資企業(含境內居民個人在境外設立的特殊目的公司)的境內投資主體,也須按照上述要求,自行申報上年度境外直接投資存量權益登記。如未按規定報送,銀行應要求申請人向外匯局辦理報送手續後,方可為其辦理直接投資項下外匯業務及資本項下外匯業務。

外資企業註冊地外匯局負責事後對企業報送的直接投資存量權益登記內容進行抽查,對於隱瞞真實情況、弄虛作假的企業,外匯局將按相關程序通過資本項目信息系統業務管控功能,暫停該外資企業相關業務,並依法予以處罰。

三、簡化事項

簡化境內直接投資項下外國投資者出資確認登記管理,將外國投資者貨幣出資確認登記,調整為境內直接投資貨幣出資入帳登記。外國投資者若以貨幣形式(含跨境現匯和人民幣)出資,由開戶銀行在收到相關資本金款項後,直接通過外匯局資本項目信息系統辦理境內直接投資貨幣出資入帳登記,辦理入帳登記後

的資本金方可使用。

　　簡化流程後，外匯局不再受理會計師事務所向外匯局提交的外方出資確認詢證，若外國投資者出資須出具驗資報告，會計師事務所可直接將銀行為企業出具的「入帳確認登記表」做為出資到位依據，辦理驗資事項。

【32】銀行結售匯業務解析

結售匯業務，包括即期結售匯業務和人民幣與外匯衍生產品業務。2014年6月中國人民銀行重新發布《銀行辦理結售匯業務管理辦法》（中國人民銀行令[2014]第2號），時隔半年，中國大陸外匯局於12月份重新發布了配套的《銀行辦理結售匯業務管理辦法實施細則》（匯發[2014] 53號），就銀行結售匯業務做出梳理，具體解析如下：

一、結售匯額度管理

尚未取得人民幣業務資格的外資銀行，也可以向外匯局申請即期結售匯業務，但不適用結售匯綜合頭寸的管理，而是實行結售匯人民幣專用帳戶管理。該帳戶可以在當地人民銀行開具，也可以在當地商業銀行開具，帳戶餘額不得超過註冊外匯資本金或營運資金的20%。人民銀行專門下發了銀發[2015] 12號文，規範結售匯專用人民幣帳戶的開立和使用。

已開辦人民幣業務的銀行，可以向外匯局申請結售匯綜合頭寸，外匯局根據銀行的結售匯業務量、本外幣資本金或運營資金、資產狀況等，核定各家銀行限額，其中最重要的就是結售匯業務量。上年結售匯業務量低於1億美元或新開辦的結售匯業務，結售匯綜合額度為上限5,000萬美元，下限負300萬美元；上年結售匯業務量介於1億至10億美元的，上下限分別為3億美元和負500萬美元；上年結售匯業務量超過10億美元的，上下限分別為10億美元和負1,000萬美元。

　　結售匯綜合頭寸按週管理，1週內每個工作日平均頭寸必須保持在限額之內。限額一般1年可以申請調整1次。

　　以上結售匯人民幣專用帳戶限額以及結售匯綜合頭寸限額，不只是針對代客結售匯，銀行自身結售匯和通過銀行間市場的人民幣與外匯交易，也納入這個額度管理。

二、銀行結售匯的限制

　　銀行自身外匯資金，包括外匯資本金或外匯營運資金以及日常經營中獲得的外匯收入，不得任意結匯。若銀行結匯支付外匯業務人民幣開支，自行審核後結匯，須留存證明真實性的單證，一般包括發票等業務單據。外匯收入扣除支付外匯開支、結匯支付外匯業務所需的人民幣開支，統一納入外匯利潤管理，不得就外匯收入單獨結匯。外匯利潤可以每季度自願結匯（也可以不結匯），年終後根據經審計的年度結果自行調整。如果以前年度有外匯虧損，要彌補虧損後才能結匯，而外匯虧損也可以以人民幣利潤購匯來彌補。

　　從2015年1月1日起，銀行資本金或運營資金本外幣轉換的審批權限，從外匯局下放到各地外匯局分局。銀行資本金結匯後，要求「（外匯所有者權益＋外匯營運資金）÷外匯資產」與「（人民幣所有者權益＋人民幣營運資金）÷人民幣資產」兩個比例基本相等。必須注意的是，這裡的外匯所有者權益要剔除未分配外匯利潤，但未分配外匯利潤為虧損的則不得剔除。新開辦外匯業務的中資銀行或新開辦人民幣業務的外資銀行，首次可以申請不超過10%的資本金進行本外幣轉換。

銀行若購買外匯資本金或外匯營運資金發展外匯業務,可根據業務需求申請,不受以上額度限制。

對於銀行經營業務過程中,收回資金(含利息)與原始發放資金本外幣不匹配,在滿足一定條件時,例如:債務人因破產、倒閉、停業整頓、經營不善或與銀行有法律糾紛等,而不能自行辦理結售匯交易時,可以自行代債務人結售匯(外匯局另有規定除外),並留存與債務人債權關係、結售匯資金來源等書面證明資料備查。

須注意的是,不具備結售匯業務資格的銀行自身的結售匯業務,必須通過其他具備結售匯業務資格的銀行辦理;具備結售匯業務資格的銀行自身的結售匯業務,不得通過其他銀行辦理。

三、銀行利潤匯出

銀行利潤匯出依規定可以用歷年累積外匯利潤或用人民幣購匯後自行支付,不得以人民幣形式匯出。

【33】銀行進行貿易融資業務外匯規定

貿易融資具有可自由結購匯、境外融資利率低等優勢，實務中除企業正常的貿易融資外，另有一些企業為賺取利差、匯差或出口退稅等，不惜借用虛假貿易、虛報進出口貨物價格等方式進行融資套利。

為此，中國外匯管理局於2013年分別發布了《關於加強外匯資金流入管理有關問題的通知》（匯發[2013] 20號），及《關於完善銀行貿易融資業務外匯管理有關問題的通知》（匯發[2013] 44號），對銀行貿易融資業務進行規範，明訂企業的貿易收付款應具有真實、合法的進出口或生產經營交易基礎，不得虛構貿易背景以利用銀行信用辦理跨境收支業務等，相關外匯規定分析如下。

一、貿易融資真實性、合規性審查

中國大陸外匯局要求銀行制訂相關風險防範內控制度，遵循「了解你的客戶」原則，履行貿易融資真實性、合規性審查職責的展業三原則。

1. 對於企業向銀行申請以信用證、託收等方式辦理跨境交易項下貿易融資業務時，要求銀行根據企業生產經營、財務狀況、產品和市場等情況，確認相關貿易背景的真實性、合規性，核實貿易融資金額、期限與相應貿易背景是否匹配。

2. 對於遠期（90天以上，包括即期業務展期或續作其他貿易融資累計期限超過90天，不含90天）貿易融資業務，無論銀行是否收取足額或高比例保證金，只要存在以下情況之一，均應加大

審查力度：

　　（1）融資業務具有頻率高、規模大、交易對手相對集中或為
　　　　關聯企業、貿易收支裡外匯與人民幣幣種錯配較為突出
　　　　等特點。

　　（2）融資對應商品具有（但不限於）自身價值高、生產的附
　　　　加價值高、體積小易於運輸，或者包裝存儲易於標準化
　　　　等特點。

　　（3）通過轉口貿易、轉賣（指經由海關特殊監管區域的貨物
　　　　進口並轉售出口）等形式開展對外貿易活動。

　　銀行辦理日常業務中若發現上述事項且交易可疑的，應及時
向主管外匯局報告。

二、企業貿易外匯收支分類管理

　　中國大陸外匯局對企業實施分類管理，根據規範經營情況分
為A類、B類和C類，對A類企業辦理收付匯審核手續相應簡化，
對B、C類企業在貿易外匯收支單證審核、業務類型、結算方式等
方面實施嚴格監管。

　　若A類企業存在資金流與貨物流嚴重不匹配，或者轉口貿易
收支規模較大且增長較快、遠期貿易融資規模較大且比例偏高、
具有跨境融資套利交易典型特徵等情況，外匯局將向其發送「風
險提示函」，要求其在10個工作日內說明情況。企業未及時說明情
況或無法做出合理解釋，外匯局則將其列為B類；情節嚴重的，列
為C類。

　　企業按上述規定列為B類後，符合相關指標連續3個月正常等

條件者，外匯局將其恢復為A類；不符合恢復A類條件的，延長分類監管期3個月；6個月監管期滿依然不符合恢復A類條件的，視情節嚴重程度，繼續延長分類監管期1年，或將B類轉為C類，監管期1年。

三、外匯局加強對銀行的監測核查

對於遠期貿易融資業務占比較高，並為涉嫌虛構貿易背景跨境套利的企業提供服務的銀行，外匯局可抽查一定比例的銀行業務資料核查，必要時實施現場核查或檢查。

銀行阻撓或拒不接受外匯局現場核查或檢查，或未充分履行審查職責的，外匯局可向銀行進行風險提示，或予以處罰。

四、相關罰則

銀行、企業通過偽造、變造憑證和商業單據，或重複使用憑證和商業單據，從事虛假貿易而將外匯匯入境內的，以非法流入定性處罰；將外匯收入結匯的，以非法結匯定性處罰；騙購外匯的，以非法套匯定性處罰；將境內外匯匯往境外的，以逃匯定性處罰。

對上述違法行為，除責令改正外，併處違法金額30%以下的罰款；情節嚴重的，處違法金額30%以上等值以下罰款；構成犯罪的，依法追究刑事責任。

【34】深圳前海外債新政策解析

2015年3月6日，中國大陸外匯管理局深圳市分局發布了《深圳前海深港現代服務業合作區外債宏觀審慎管理試點實施細則》（深外管[2015] 4 號，以下簡稱「4號文」），允許註冊地在深圳前海深港現代服務業合作區的非金融企業（以下簡稱「區內企業」），借用外債實行比例自律管理的試點新政策，具體解析如下。

一、適用對象

4號文適用於註冊地在深圳前海的非金融企業，包括外商投資企業及中資企業；屬於地方政府融資平台性質的公司暫不適用。相比現行外債管理規定的「中資企業借用外債須經發改委批准」，4號文首次給予內外資企業平等待遇，也就是中資企業可自行舉借外債。

二、可借用的外債額度

4號文規定區內企業借用外債實行比例自律管理，其外債餘額不超過其上年末經審計的淨資產的2 倍。在計算外債額度占用情況時，已進行全額提款的非循環類貸款，按未償本金餘額占用額度，其他外債（循環貸款、未提款或部分提款的非循環貸款，含正在申請登記的本筆外債）按簽約額占用外債額度，不再把外債區分為短期或中長期外債，均按餘額占用額度，對須借用中長期外債的企業較為有利。另根據《中外合資經營企業註冊資本與投資總額比例的暫行規定》（工商企字（1987）第38號），只有投資

總額在3,000萬美元以上時,「投註差」才能達到註冊資本的2倍,因此,4號文相比現行外債管理,一定程度上放大了外債額度。

對中資企業借用外債,除外債餘額「不得超過上年末經審計的淨資產的2倍」之外,還要求辦理外債簽約登記時,其全部負債(含正在申請登記的本次外債簽約額)不得超過其總資產的75%。

三、外債簽約登記

現行外債管理規定,債務人在外債合同簽約(或外債合同變更)後15個工作日內,須至所在地外匯局辦理外債簽約登記(或外債簽約變更登記)手續。而根據4號文,區內企業借用外債,既可自行辦理,也可通過其結算銀行向外匯管理局深圳市分局申請辦理外債簽約登記(或外債簽約變更登記)。對於通過其結算銀行辦理的,銀行應通過相關系統向深圳分局報送區內企業登記資料電子掃描件。

區內企業根據4號文借用外債時,深圳分局不在外債簽約登記環節審核其他外債主管部門的批准文件;區內企業超出按上述方法確定的規模借用外債時,如外債主管部門文件批准可以對外借款,深圳分局在審核相關文件後,可以為其辦理外債簽約登記。

四、使用限制

區內企業借用外幣外債資金,可按規定結匯使用。突破了現行外債管理規定「未經外匯局批准,中資企業借用外債資金不得結匯使用」的限制。

對於其他事項，包括帳戶、結匯、資金用途、外債註銷登記等，均參照區外一般外債管理規定執行。例如：外債資金結匯應遵循實需原則；外幣外債結匯後，人民幣資金不能用於償還境內金融機構發放的人民幣貸款；外債資金不得用於證券投資等。

按照區外一般外債管理規定，對於特殊行業（如房地產）以及特殊類型融資（如到境外發行債券）等，若仍然存在限制性規定，仍適用現行區外相關管理規定。例如，對於房地產企業借用外債規定：（1）對2007年6月1日以後（含）取得商務主管部門批准證書且通過商務部備案的，不准借入；（2）未取得中國大陸「國有土地使用證」，或開發項目資本金未達到項目投資總額35%，不准借入。

五、注意事項

外商投資企業在現行外債管理模式和4號文之間只能二選一，不能同時適用，且一經選定，不得更改。如選擇現行外債管理模式，則按照現行外債管理政策辦理業務。但根據中國人民銀行深圳市中心支行發布的《前海跨境人民幣貸款管理暫行辦法》（深人銀發[2012] 173號）規定，若辦理跨境人民幣貸款業務，可與4號文同時適用。

【35】跨國企業外匯資金池政策解析

2014年4月中國大陸外匯局頒布《關於印發〈跨國公司外匯資金集中運營管理規定（試行）〉的通知》（匯發[2014] 23號），允許跨國公司依託資金池帳戶，開展經常項目集中收付匯、集中結售匯、集中使用外債額度、集中使用對外放款額度等業務。2015年8月中國大陸外匯局又頒布《關於印發〈跨國公司外匯資金集中運營管理規定〉的通知》（匯發[2015] 36號），36號文、23號文對跨國公司的定義並無差異，皆是指以資本聯結為紐帶，由母公司、子公司及其他成員企業或機構共同組成的聯合體。成員企業，是指跨國公司內部相互直接或間接持股、具有獨立法人資格的各家公司，分為境內成員企業和境外成員企業。與試點企業無直接或間接持股關係，但屬同一母公司控股的兄弟公司，可認定為成員企業。雖然政策未規定持股比例，實務中部分地方外匯局認為，持股比例低於25%則不被認定為成員企業。

對比23號文，36號文主要變動如下：

一、新外債額度

由境內所有成員企業未用投註差之和，改為外債總規模$\leq\sum$淨資產$\times1$，並且資產負債率$\leq 75\%$，淨資產按照上年末經審計（或本年度專項審計）的淨資產計算。原則上使用集團併表淨資產（指集團合併資產負債表中的合併後淨資產）計算外債額度；沒有併表淨資產或者使用併表淨資產不合適時，使用加總淨資產。

新政策有利於之前無投註差的企業，使之也可以借入淨資

產等值的外債。有投註差的成員企業可選擇使用投註差或淨資產
參與集中外債額度的計算，一經選定，原則上不得更改，例如外
資投資性公司和外資融資租賃公司仍可以沿用原來較高的外債額
度。另外必須注意的是，資產負債率過高的企業無法適用36號文
的外債政策。

二、放寬外債資金結匯用途

之前外債資金結匯不得用於償還人民幣貸款、股權投資，
36號文規定外債資金結匯可以用於償還人民幣貸款、股權投資，
由此擴大了外債資金結匯的用途和範圍。尤其是可以用於股權投
資，因此36號文可為境內成員企業開展併購重組提供境外低成本
資金支持，同時可以進一步優化集團流動資金的使用。

三、簡化帳戶開立要求

23號文規定須在主辦企業「所在地」銀行，開立國內和國際
外匯資金主帳戶，36號文規定可以在主辦企業所在同一省內不同
城市，開立國內和國際外匯資金主帳戶，擴大了國內和國際主開
戶地的選擇範圍，開戶不再局限於註冊所在地；並允許跨國公司
資金集中運營，A類成員企業經常項目外匯收入無須進入出口收入
待核查帳戶，可直接進入經常項目外匯帳戶。

四、簡化外匯收支手續

企業可憑電子單證在銀行辦理經常項目外匯收支；允許企業
的經常項目、直接投資、外債和對外放款的購匯與付匯在不同銀

行辦理。正是由於上述項目的購付匯分離，進而使企業可以選擇多家銀行進行外匯交易詢價，進一步降低企業資金成本。

五、完善涉外收付款申報手續

過去銀行僅可以代企業進行部分申報，36號文規定銀行可以代企業進行自動掃款（指銀行根據與客戶簽訂的協議，每天在固定時間對加入「跨國企業外幣資金池」的企業銀行帳戶餘額進行自動歸集，並劃轉至「外匯資金池」主帳戶的行為）的國際收支申報，這樣就解決了企業進行自動跨境掃款的國際收支申報問題，企業可以真正實現「全自動」的跨境掃款。

36號文將可進一步促進貿易投資便利化，跨國企業通過資金池首先在境內外成員企業之間開展跨境外幣資金餘缺調配業務；其次，通過集中的外債額度從境外借入低成本外匯資金，實現境內外內部資金調配，企業的資金成本顯著降低，資金使用效率大幅提高。

【36】註冊資本金意願結匯解析（上）

2015年3月中國大陸外匯管理局發布了《關於改革外商投資企業外匯資本金結匯管理方式的通知》（匯發（2015）19號），從2015年6月1日起，將已在部分地區試點的資本金意願結匯制度，在中國大陸全國範圍內實行，對於本次實施的資本金意願結匯，具體解析如下。

一、意願結匯概念

意願結匯，是指擁有外匯資本金帳戶的企業無須提供用資憑證的逐筆結匯，可以將資本金自行決定是否部分或全部結匯（外匯資本金意願結匯比例暫定為100%），並將結匯資金留存於人民幣資金帳戶中，實現了「先兌換，後支付」，以降低企業的匯率波動風險。

二、辦理意願結匯注意事項

1.須開立結匯待支付帳戶

經銀行辦理貨幣出資入帳登記後，資本金即可辦理意願結匯手續。對於結匯所得人民幣，外資企業須在其資本金帳戶開戶銀行開立一一對應的「資本項目一結匯待支付帳戶」，用於存放意願結匯所得人民幣資金，並通過該帳戶辦理對外支付手續。外資企業在同一銀行開立的同名資本金帳戶、境內資產變現帳戶和境內再投資帳戶，可共用一個結匯待支付帳戶。

2. 限制事項

結匯待支付帳戶內的人民幣資金，不得購匯後再劃回資本金帳戶。由結匯待支付帳戶劃出用於擔保或支付其他保證金的人民幣資金，除發生擔保履約或違約扣款，均需原路劃回結匯待支付帳戶。

三、結匯資金的支付管理

1. 結匯待支付帳戶的支出範圍，包括：經營範圍內的支出；支付境內股權投資資金和人民幣保證金；劃往資金集中管理專戶、同名結匯待支付帳戶；償還已使用完畢的人民幣貸款；購付匯或直接對外償還外債；外國投資者減資、撤資資金購付匯或直接對外支付；購付匯或直接對外支付經常項目支出；及經外匯局（銀行）登記或外匯局核准的其他資本項目支出。

2. 資本金及其結匯所得人民幣資金，禁止直接或間接用於下列支出：

（1）企業經營範圍之外或國家法律、法規禁止的支出。

（2）證券投資。

（3）發放人民幣委託貸款，但經營範圍許可的除外。

（4）償還包括協力廠商墊款在內的企業間借貸，以及償還已轉貸予協力廠商的銀行人民幣貸款。

（5）支付購買非自用房地產的相關費用，但外商投資房地產企業除外。

3. 有條件的開放除了投資性公司之外的其他公司資本金額投資限制。

4. 對外支付時銀行應審核重點：

（1）銀行在辦理每一筆資金支付時，均須審核前一筆支付證明資料的真實性與合規性。

（2）若企業確有特殊原因暫時無法提供真實性證明資料，銀行可在履行盡職審查義務、確定交易具備真實交易背景的前提下，為企業辦理相關支付，並應於辦理業務當日向外匯局提交特殊事項備案。銀行須在支付完畢後20個工作日內，收齊並審核企業補交的相關證明資料，並向外匯局報告特殊事項備案業務的真實性證明資料補交情況。

（3）若外資企業以備用金名義使用資本金，銀行可不要求其提供上述真實性證明資料。單一企業每月備用金（含意願結匯和支付結匯）支付累計金額，不得超過等值10萬美元。

（4）對於申請一次性將全部外匯資本金支付結匯，或將結匯待支付帳戶中全部人民幣資金進行支付的外資企業，如不能提供相關真實性證明資料，銀行不得為其辦理結匯、支付。

【37】註冊資本金意願結匯解析（下）

2015年3月中國外匯管理局發布的《關於改革外商投資企業外匯資本金結匯管理方式的通知》（匯發[2015] 19號），除開放外資企業外匯資本金意願結匯外，還允許外資企業以結匯資金開展境內股權投資。而之前的規定，是外資企業資本金結匯所得人民幣資金不得用於境內股權投資。本次《通知》變動內容分析如下。

一、以投資為主要業務的外商投資企業

19號文明確規定，只有以投資為主要業務的外資企業，可將結匯人民幣資金直接或通過結匯待支付帳戶，劃入被投資企業的一般帳戶，被投資企業使用這些資金時不再受外匯局有關資本金的使用限制。

對於「以投資為主要業務的外商投資企業」的定義，嚴格意義來講只有三個類型：中國外經貿部審批的外商投資創業投資企業、外商投資性公司，及各地外經貿部審批的外商投資股權投資企業。銀行在實務操作中一般也遵循此原則，只要營業範圍或者公司章程中沒有「投資」內容的，不允許結匯支付股權投資款。

二、非投資性外商投資企業

1. 外幣資本金

非投資性外商投資企業若想通過結匯資金投資，被投資企業必須先到註冊地銀行辦理境內再投資登記，並開立結匯待支付帳戶，投資企業再將其結匯所得人民幣資金劃入被投資企業開立的

結匯待支付帳戶之中。結匯待支付帳戶的使用仍應遵循前述支付
用途限制，如被投資企業須繼續開展境內股權投資，應比照上述
原則辦理。

實務中，非投資性外商投資企業以投資款對外投資時，銀行
還是必須審核企業營業範圍中是否有「投資」項目，如無此營業
項目，非投資性外商投資企業不能以資本金對外投資。

2. 人民幣資本金

值得注意的是，2012年6月人民銀行發布的《關於明確外商
直接投資人民幣結算業務操作細則的通知》（銀發[2012] 165號），
其中第16條明確規定，對於非投資類的外商投資企業，其人民幣
資本金專用存款帳戶中的人民幣資金，不得用於境內再投資。因
此，非投資性的外商投資企業，其人民幣註冊資本金不能用於境
內再投資。

四、其他直接投資項下外匯帳戶資金結匯及使用規定

1. 境內機構開立的境內資產變現帳戶和境內再投資帳戶內資
金結匯，參照資本金帳戶管理，即可以實行意願結匯，也可選擇
支付時再結匯。

2. 境內個人開立的境內資產變現帳戶和境內再投資帳戶，以
及境內機構和個人開立的境外資產變現帳戶，可憑相關業務登記
憑證直接在銀行辦理結匯，若境內機構為境內銀行，境外投資產
生的利潤不得單獨結匯，應納入銀行外匯利潤統一管理，並按相
關規定辦理結匯。

3. 外國投資者前期費用帳戶資金結匯，比照外匯資本金帳戶

資金結匯原則辦理。

　　4. 境外匯入保證金專用帳戶和境內劃入保證金專用帳戶內的外匯資金，均不得結匯、不得用於質押貸款。如發生擔保履約或違約扣款，相關保證金應劃入接收保證金一方經銀行登記或外匯局核准開立的其他資本項目外匯帳戶，並按規定使用。

　　5. 上述直接投資項下帳戶內利息收入和投資收益，均可在本帳戶內保留，然後可憑利息、收益清單劃入經常項目結算帳戶保留或直接在銀行辦理結匯及支付。

【38】內保外貸中擔保人為銀行或企業的差異分析

2014年6月1日開始執行的29號文《跨境擔保外匯管理規定》，除了開放中國大陸境內企業原本只能為境外控股或參股企業進行擔保的限制，改為境內企業可為境外任何企業進行擔保外，還進一步開放境內銀行跨境擔保（stand by L/C）的額度限制。對內保外貸中擔保人是銀行還是企業，有如下差異值得注意。

一、登記程序不同

根據29號文規定，企業辦理內保外貸須在簽約後的15個工作日內，至所在地外匯局提交內保外貸登記申請報告、擔保合同、擔保項下的主債務合同等資料，進行內保外貸登記手續，但在實務中，中國大陸外匯局還會要求提交被擔保方的審計報告等資料，以確認內保外貸的真實性及履約可能性。

當銀行進行跨境擔保後，會直接通過資本項目信息系統數據報送接口程序或其他方式，向外匯局的資本項目資訊系統報送內保外貸相關資料，雖說29號文未要求銀行報送內保外貸詳細資料，但根據規定，境內擔保人須對境外債務人主體資格、擔保項下資金用途、預計還款資金來源、擔保履約的可能性及相關交易背景進行審核，因此，銀行仍須要求境外債務人提交諸如營業執照、審計報告等資料，以證明跨境擔保的真實性及還款來源。

二、擔保履約程序不同

企業自行對外提供跨境擔保時，如發生擔保履約，企業須憑

加蓋外匯局印章的擔保登記文件，直接到銀行辦理擔保履約項下購匯及對外支付，並在履約後的15個工作日內，至外匯局辦理內保外貸履約債權登記。

若是銀行發生內保外貸擔保履約，則可自行辦理擔保履約項下對外支付；如果對外債權人為銀行，則由銀行通過資本項目信息系統報送對外債權相關資訊。

三、實務辦理

境內企業可將境內不動產、動產、應收帳款、上市公司股票、股權等直接抵押給境外銀行，為境外公司的借款提供擔保，這種模式可免去通過銀行開立保函的費用，但目前實務中，境內不動產、動產等的直接抵押、質押存在差異，對那些不能直接抵押、質押的不動產或動產，可以通過抵押、質押給境內銀行，再由境內銀行開立保函給境外銀行，為境外公司的借款提供擔保以方便境外融資。

1. 不動產抵押

上海、廣州、北京等均可辦理不動產抵押程序，將境內不動產直接抵押給境外銀行沒有問題，但江蘇等地目前則仍不能辦理不動產直接抵押給境外銀行的抵押手續。

2. 上市公司股票

中國證券登記結算有限公司上海、深圳分公司，均可辦理上海證券交易所、深圳證券交易所掛牌上市股票、債券的質押登記給境外機構，但根據持有上市股票的機構所在地、持有股票的方式等，履約款項的匯出程序也不一樣。

3. 境內存單質押

目前境內存單質押操作規程，僅明訂質押給境內銀行的程序，對直接質押給境外銀行的程序並不明確，因此實務中境外銀行接受境內存單質押應考慮相關風險。

【39】跨境擔保項下借款資金用途解析

　　中國大陸外匯管理局2014年5月12日發布《跨境擔保外匯管理規定》（匯發[2014] 29號，以下簡稱「29號文」），按照擔保當事各方的註冊地，將跨境擔保分為內保外貸、外保內貸和其他形式跨境擔保，對此三種形式下的借款資金用途，29號文予以明確及限制，具體分析如下。

一、內保外貸項下借款資金

　　1. 只能用於債務人正常經營範圍內的相關支出，不得用於支持債務人從事正常業務範圍以外的相關交易，不得虛構貿易背景進行套利，或進行其他形式的投機性交易。

　　2. 未經中國大陸外匯局批准，不得通過向境內進行借貸、股權投資或證券投資等方式，直接或間接調回境內使用，包括但不限於以下行為：

　　（1）不得直接或間接向在境內註冊的機構進行股權或債權投資。

　　（2）若用於直接或間接獲得境外標的公司的股權，則標的公司在中國大陸境內的資產占比不得大於50%。

　　所謂50%，指的是資產概念，而不是股權概念。舉例來說，如果使用內保外貸資金收購某境外公司，而該境外公司所有資產只是控制中國大陸境內一家企業10%的股權，則對這家被收購的境外公司來說，等於是100%的資產都落在中國境內，則該境外公司屬於上述在中國大陸境內的資產占比大於50%的限制範圍中。

3. 若用於償還債務人自身或境外其他公司承擔的債務，則原融資資金不得以股權或債權形式直接或間接調回境內。

4. 若用於支付中國大陸境內貨款或服務款項，不得同時符合下列規定：

（1）付款時間相對於提供貨物或服務的時間提前超過1年。

（2）預付款金額超過100萬美元及買賣合同總價30%。如果是出口大型成套設備或承包服務，則可將已完成工作量視同為交貨。

另外，若用於直接或間接獲得對境外其他機構的股權（包括新建境外企業、收購境外企業股權和向境外企業增資）或債權時，該投資行為須符合中國大陸有關境外投資的規定。中國大陸對外投資規定，主要是依據發改委2014年4月8日發布的《境外投資項目核准和備案管理辦法》（國家發展改革委令第9號）。

二、外保內貸項下借款資金

若取得外幣借款，根據《境內外資銀行外債管理辦法》（國家發展和改革委員會、中國人民銀行、中國銀行業監督管理委員會令2004年第9號），及《結匯、售匯及付匯管理規定》（銀發[1996]210號）的相關規定，除出口押匯外的國內外匯貸款不得結匯。因此對於外保內貸項下取得的外幣借款，不得結匯使用，只能用於外幣支付，適用於外幣採購較多的企業。對於人民幣採購較多的企業，在有外債額度的情況下，可將外債結匯資金用於生產經營，外幣借款再償還外債。

三、其他形式跨境擔保項下借款資金

除內保外貸及外保內貸之外的跨境擔保，如：台籍個人用境內資產在境外擔保借款，境外關聯方、境內關聯方或自身為擔保人以外債方式借款等，均屬於其他形式跨境擔保。對於其他形式跨境擔保項下以外債方式借入的款項，還須根據《外債登記管理辦法》和《外債登記管理操作指引》（匯發[2013] 19號）規定使用。

必須注意的是，29號文只是對內保外貸項下境外取得的借款資金回流有所限制，其他形式跨境擔保項下在境外取得的借款資金，可以正常回流至中國大陸境內使用。

【40】外保內貸業務銀行須關注重點

《跨境擔保外匯管理規定》（匯發[2009] 29號）對外保內貸業務進行了詳細的規定，外保內貸業務中銀行須關注的風險如下。

一、未及時報送外保內貸業務資訊

根據29號文的規定，外保內貸業務由發放貸款或提供授信額度的境內金融機構，向外匯局的資本項目系統集中報送業務資訊。境內金融機構若未按規定向中國大陸外匯局報送外保內貸業務相關資訊，按照《中華人民共和國外匯管理條例》（中華人民共和國國務院令 第532號）第48條規定，由外匯管理機關責令改正，給予警告，對機構可以處30萬元以下的罰款。

須注意的是，外籍個人持有的境內房產、存款，若抵押、質押給境內的銀行以擔保境內企業借款，均屬於外保內貸，須由境內銀行進行相關的外保內貸資訊報送。

二、超出範圍辦理外保內貸業務

29號文規定，境內金融機構在外保內貸項下，只能為境內非金融機構提供貸款或授信額度，根據中國大陸《國家外匯管理局上海市分局關於上海銀行同業公會會員單位近期所提意見的函》（上海匯函 [2014] 19號）：「一是外保內貸業務項下主債務限於境內金融機構對境內非金融機構提供的本外幣貸款或授信額度。境內兩家非金融機構間交易產生的債權債務，以及境內銀行為境內企業出具的無授信銀行保函（如接受境外擔保）不在規定允許

辦理的外保內貸業務範圍內，故此類跨境擔保不屬於其他形式跨境擔保。」

因此，如境內銀行接受境外擔保，為境內企業開立非融資性的保函，不屬於外保內貸，也不屬於其他形式的跨境擔保，此類業務須經外匯局核准後才能進行。如未經外匯局核准操作此類業務，根據《外匯管理條例》第43條，由外匯管理機關給予警告，處違法金額30%以下的罰款。

三、履約幣種與擔保幣種不一致

根據29號文的規定，金融機構辦理外保內貸履約時，如擔保履約資金與擔保項下債務提款幣種不一致，而必須辦理結匯或購匯的，應當向外匯局提出申請，由外匯局資本項目管理部門受理。如簽定貸款擔保合同時無違規行為，外匯局可批准其擔保履約款結匯（或購匯）。

須注意的是，銀行必須向外匯局提交債務人提供的外保內貸履約項下外債登記證明文件（因清算、解散、債務豁免或其他合理因素導致債務人無法取得外債登記證明時，應當說明原因），才能申請結（購）匯。實務中，境內企業無還款能力的情況下，一般不會去外匯局進行外債登記，因此也無法取得外債登記文件，這時銀行將面臨無法將擔保幣種結（購）匯為履約幣種的問題，如要避免發生此問題，境內銀行可採取以下方式：

1.境外擔保幣種與境內放款幣種一致，這樣就無須申請結（購）匯。

2. 如境內企業無法還款，請境外擔保方提供放棄債權的申明，境內企業即可憑放棄債權申明至外匯局申請結（購）匯。

【41】A股跨境質押擔保境外借款分析（上）

隨著中國《跨境擔保外匯管理規定》（匯發[2014] 29號）的頒布，境內外企業、個人可將所持有符合規定的資產，如房產、股票等，直接抵押、質押給境外銀行，在境外銀行取得融資。

目前已經有較多台商直接或間接持有中國大陸A股發起設立的上市股票，但由於某些原因，這些股票不能直接在二級市場變現，必須質押給銀行以獲取融資。A股質押主要涉及質押權的設定、監管、質權的實施及款項匯出。

一、質權設定

根據規定，中國大陸A股的質押登記機構，分別為中國證券登記結算有限公司上海分公司及深圳分公司，其中上海分公司負責在上海證券交易所掛牌交易的有價證券，深圳分公司負責在深圳證券交易所掛牌交易的有價證券。

中國大陸A股掛牌的股票有流通股、限售股等區別，其中限售股質押因存在違反《中華人民共和國物權法》規定的「質押股票應是可轉讓的股權」，而導致質押登記無效的風險，因此不建議境外銀行接受限售股的質押。

二、質押監管

根據規定，證券登記結算公司會將已質押的證券，在系統中設定為「不可賣出質押登記」狀態，處於此種狀態的證券，在解除質押前無法賣出。

境外銀行還可委託境內證券公司，將持有質押證券的帳戶設定為「不可交易」狀態，增加質押的安全性。境外銀行還可通過修改質押證券帳戶的交易密碼，更進一步提高質押的安全性。

三、質權實施

如出現債務人無法償還境外銀行借款，須執行質權時，境外銀行須先向證券登記結算公司提出解除質權申請，證券登記結算公司確認後，將已質押證券從「不可賣出質押登記」狀態調整為「可以賣出質押登記」，在質押登記狀態調整後的1個工作日，即可賣出證券。

質權的解除可由質權雙方或質權人單方申請辦理，也可委託第三方（如證券公司）等辦理。如由質權人單方申請辦理，須在質押合同中約定相關事項：

1. 實現質權的情形：

（1）至質押合同所擔保的主合同債務履行期限屆滿之日，質權人未受清償。

（2）出質人違反質押合同所述的任何違約情形，或違反質押合同的任何約定。

（3）出質人申請（或被申請）破產、重整或和解，被宣告破產、重整或和解，被解散，被註銷，被撤銷，被關閉，被吊銷，歇業，合併，分立，組織形式變更以及出現其他類似情形。

（4）出質人發生危及、損害質權人權利、權益或利益的其他事件。

（5）其他根據質押當事人的約定必須行使質權的情形。

2. 質押雙方已達成一致意見，在上述情形發生時，由質權人單方向中國證券登記結算有限責任公司，申請辦理證券質押登記狀態調整業務。

3. 質權人單方向中國證券登記結算有限責任公司申請辦理證券質押登記狀態調整業務時，就視為出質人已經知曉並同意辦理證券質押登記狀態調整業務。

【42】A股跨境質押擔保境外借款分析（下）

A股抵押權人實行質權後，根據目前的規定，可選擇按A股戰略投資者（編註：戰略投資者為與股票發行人具有緊密合作關係，願意長期持有公司股票的法人）減持資金匯出，或按照跨境擔保履約的程序匯出款項。

一、A股戰略投資者減持匯出

A股戰略投資者減持匯出，主要依照《中國人民銀行辦公廳關於A股上市公司外資股東減持股份及分紅所涉帳戶開立與外匯管理有關問題的通知》（銀辦發 [2009] 178號），以及《中國人民銀行關於簡化跨境人民幣業務流程和完善有關政策的通知》（銀發 [2013] 168號）。本方式僅適用於質押人是中國大陸境外法人的情況。

如選擇按此方式匯出款項，須由持有A股的境外股東配合，在境內銀行開立NRA帳戶，經上市公司所在地外匯局審核同意後，款項可以從NRA帳戶匯至境外帳戶，匯出幣種可以是人民幣或者外幣。外匯局所需資料如下：

1. 外資股東書面申請（含證券帳戶和存款帳戶開立情況說明）。

2. 資金來源的有效憑證（證券公司出具的外資股東減持A股的交易證明文件，證券登記結算機構出具的減持前後外資股東持有上市公司股份變動情況的證明文件等）。

3. 有關完稅證明（如需要）。

4. 辦理人的身分證明文件及影本，委託辦理者須提供經公證

的有關委託授權書。

5. A股上市公司外匯登記變更憑證影本。

6. 前述資料內容不一致或不能說明交易真實性時，要求提供的補充資料。

由於採用這種方式匯出款項，須經中國大陸外匯局核准及質押人配合，耗時較長，為保證資金安全，須對實現質權賣出股票的資金進行監管，資金的監管可通過證券公司或者銀行進行，其中證券公司負責證券資金帳戶的監管，銀行負責從證券資金帳戶劃轉至NRA帳戶的資金監管。

二、跨境擔保履約方式匯出

跨境擔保履約，可分為內保外貸及其他形式的跨境擔保兩種方式，在程序上兩者存在差異。

（一）內保外貸及其他形式跨境擔保的區別方式

　1. 持有A股的質押人屬於中國大陸境內法人

　（1）擔保的借款對象在境外，屬於內保外貸。

　（2）擔保借款對象如在境內，屬於其他形式的跨境擔保。

　2. 持有A股的質押人屬於中國大陸境外法人

　（1）擔保的借款對象在境外，屬於其他形式的跨境擔保。

　（2）擔保的借款對象在境內，屬於其他形式的跨境擔保。

（二）內保外貸、其他形式跨境擔保的款項匯出

　1. 內保外貸

根據中國大陸《跨境擔保外匯管理規定》（匯發[2014] 29號）的規定，內保外貸需要境內擔保人（持有A股的質押人）在簽定

擔保合同後的15個工作日內，至外匯局辦理「內保外貸」登記。在實現質權後，可憑「內保外貸登記憑證」及履約的相關證明文件，直接至銀行匯出款項。

2. 其他形式的跨境擔保

上述兩種形式的跨境擔保，資金均從境外匯入，境內企業須有外債額度，且須進行外債登記。因此在匯出履約款時，可選擇歸還外債方式，或者直接按照29號文中有關其他形式跨境擔保履約款的匯出規定，憑擔保合同、履約相關證明文件等至銀行申請匯出。

【43】A股戰略投資者轉讓股權款項匯出解析

為規範外資股東減持A股上市公司（以下簡稱上市公司）流通股份所得資金的匯出行為，中國人民銀行辦公廳發布了《關於A股上市公司外資股東減持股份及分紅所涉帳戶開立與外匯管理有關問題的通知》（銀辦發[2009] 178號），明確規定A股戰略投資者減持股份款項購匯匯出相關問題。隨著跨境人民幣業務的開放，目前減持A股所得的資金既可購匯匯出，也可直接以人民幣形式匯出，具體分析如下。

一、帳戶開立

外資股東減持上市公司股份時，必須開立兩個帳戶，先在證券公司開立一個A股證券資金帳戶（以下簡稱證券帳戶），再在上市公司註冊地商業銀行開立一個人民幣專用存款帳戶，該存款帳戶須商業銀行向當地中國人民銀行分支機構申請核准後才能開立，帳戶中的資金暫不納入現行外債管理，執行銀行活期存款利率，不能辦理現金收付業務。

外資股東應在減持所得資金劃至證券帳戶當日，將上述資金劃入其存款帳戶。證券帳戶T＋1日日末餘額應為零（T指股票交易登記日期，T+1日即是指在股票交易完成並登記後的一天）。

外資股東已全部減持A股股份，且減持所得資金及分紅已全部匯出或經批准用於境內時，應在上述手續完成後5個工作日內撤銷證券帳戶和存款帳戶。

二、款項匯出

外資股東減持A股所得資金匯出境外時，應持以下資料向上市公司註冊地外匯局申請核准：

1. 外資股東書面申請（含證券帳戶和存款帳戶開立情況說明）。

2. 資金來源的有效憑證（證券公司出具的外資股東減持A股的交易證明文件，證券登記結算機構出具的減持前後外資股東持有上市公司股份變動情況的證明文件等）。

3. 有關完稅證明（如需要）：在完稅證明補齊前，銀行不得為外資股東辦理該帳戶資金的支付或劃轉業務。

4. 辦理人的身分證明文件及影本，委託辦理的須提供經公證的有關委託授權書。

5. A股上市公司外匯登記變更憑證影本，即A股上市公司已辦妥外商投資企業外匯登記變更或註銷手續。

6. 外匯局要求提供的其他資料。

外匯局核准後，出具業務登記憑證，銀行憑業務登記憑證及外匯局資本項目信息系統銀行端中列印的股權轉讓流出控制信息表，為外資股東辦理資金匯出，外匯局或銀行若在備註欄中進行備註，匯款銀行應結合備註內容辦理。銀行應在業務辦理後及時完成國際收支申報手續。

須注意，上述文件以中文文本為準，以外文形式提供者，應提供經公證後的中文譯本。對於存款帳戶內所產生的利息，可直接在銀行辦理匯出手續。

三、完稅證明

根據中國大陸《關於服務貿易等項目對外支付稅務備案有關問題的公告》（國家稅務總局、國家外匯管理局公告2013年第40號）規定，外資股東向境外單筆支付等值5萬美元以上（不含等值5萬美元）減持A股所得資金時，應向所在地主管國稅機關進行稅務備案，主管稅務機關若僅為地稅機關，應向所在地同級國稅機關備案，取得「服務貿易等項目對外支付稅務備案表」。

由於辦理上述稅務備案手續時，主管國稅機關無須當場進行納稅事項審核，只要備案人提交的資料齊全、「備案表」填寫完整即可取得。而銀辦發[2009] 178號及匯綜發[2013] 80號等相關法規，均要求提供「完稅證明」，也就是外資股東減持資金已依法納稅的證明。因此，外資股東減持A股所得資金匯出境外時，除須提供上述「備案表」外，還須提供已經繳稅的稅單。外資股東若將減持所得資金繳納境內稅費，可憑稅務局開具的繳稅通知書，直接在存款帳戶開戶行辦理。

| 第三篇 |

跨境人民幣

【44】跨國集團人民幣資金池與外幣資金池對比分析

中國人民銀行於2015年9月發布《關於進一步便利跨國企業集團開展跨境雙向人民幣資金池業務的通知》（銀發[2015] 279號），明確規定了跨國企業集團可以開展跨境人民幣資金集中運營業務。中國國家外匯管理局也於2015年8月發布《跨國公司外匯資金集中運營管理規定》（匯發[2015] 36號），規定跨國公司可以集中運營管理境內成員及境外成員企業外匯資金。雖然同為跨境雙向資金池，但兩者間存在差異，對比分析如下。

一、對跨國企業要求不同

人民幣資金池業務，要求成員企業經營時間1年以上，對境內企業還要求未被列入出口貨物貿易人民幣結算企業重點監管名單；境內成員企業上年度營業收入合計金額不低於10億元人民幣，境外成員企業不低於2億元人民幣。

外幣資金池業務，要求跨國企業上年度本外幣國際收支規模超過1億美元（參加外匯資金集中運營管理的境內成員企業合併計算）；近3年無重大外匯違法違規行為；對於貿易外匯收支企業名錄內企業，貨物貿易分類結果為A類。

二、帳戶開立差異

對於人民幣資金池，跨國企業集團可以指定境內成員或境外成員做為主辦企業；境內主辦企業根據《人民幣銀行結算帳戶管理辦法》（中國人民銀行令[2003]第5號）開立「人民幣專用存款

帳戶」，境外主辦企業根據《境外機構人民幣銀行結算帳戶管理辦法》（銀發[2010] 24號）和《關於境外機構人民幣銀行結算帳戶開立和使用有關問題的通知》（銀發[2012] 183號），開立「境外機構人民幣銀行結算帳戶」，也就是NRA人民幣帳戶。原則上只可設立一個跨境雙向人民幣資金池，確須設立多個資金池的，應向人民銀行總行備案，但同一境內成員企業只能加入一個資金池。

對於外幣資金池，開立的是「國內外匯資金主帳戶」和（或）「國際外匯資金主帳戶」，開戶數量不予限制。

三、額度差異

人民幣資金池業務實行上限管理，任一時點淨流入餘額不超過上限。跨境人民幣資金淨流入額上限＝資金池應計所有者權益×宏觀審慎政策係數。其中，資金池應計所有者權益＝∑（境內成員企業的所有者權益×跨國企業集團的持股比例）；宏觀審慎政策係數暫為0.5，可根據需要進行動態調整。

外幣資金池業務方面，「國際外匯資金主帳戶」與境外帳戶，可無限額自由往來，僅須進行外債登記，但不占用外債額度。不過「國內外匯資金主帳戶」從「國際外匯資金主帳戶」淨融入資金，不得超過外債總規模；「國際外匯資金主帳戶」從「國內外匯資金主帳戶」淨融出資金，不得超過對外放款總規模，也就是不能超過集團境內企業所有者權益總和的50%。任一時點外債、對外放款融出入資金，不超過規定額度。

對於外債總規模，試點外債比例自律管理，主辦企業可全部或部分集中成員企業外債額度。無投註差的成員企業可利用自身

淨資產為計算因數，參與集中外債額度的計算；有投註差的成員企業可選擇使用投註差或淨資產，參與集中外債額度的計算，一經選定，原則上不得更改。

四、資金來源差異

對人民幣資金池中可歸集的資金，並未做出限制。至於外幣資金池，「國際外匯資金主帳戶」可歸集境外帳戶的任何資金，「國內外匯資金主帳戶」可歸集集團境內企業的資本金、外債、經常項下往來的資金等，但向境內存款性金融機構借入的外匯貸款，不得歸集在該帳戶中（用於償還外債、對外放款等除外）。

五、資金用途差異

人民幣資金池帳戶內資金按單位存款利率執行（可依定期存款利率計息），不得投資有價證券、金融衍生品以及非自用房地產，不得用於購買理財產品和向非成員企業發放委託貸款。

外幣資金池帳戶內資金可購買理財產品；借入的外債突破了匯發[2013] 19號文規定的「結匯後的人民幣資金不能用於償還境內金融機構發放的人民幣貸款」限制，其結匯資金可用於償還人民幣貸款及股權投資等。

【45】NRA外幣帳戶與NRA人民幣帳戶對比分析

境外機構境內帳戶（Non-Resident Account）簡稱NRA帳戶，分為NRA外幣帳戶與NRA人民幣帳戶。NRA外幣帳戶的開立、使用等，依據中國國家外匯管理局於2009年7月13日發布的《關於境外機構境內外匯帳戶管理有關問題的通知》（匯發[2009] 29號）；NRA人民幣帳戶的開立、使用等，則依據中國人民銀行於2010年8月31日發布的《境外機構人民幣銀行結算帳戶管理辦法》（銀發[2010] 249號），及2012年7月26日發布的《境外機構人民幣銀行結算帳戶開立和使用有關問題的通知》（銀發[2012] 183號）。

根據上述政策法規，NRA外幣帳戶與NRA人民幣帳戶對比分析如下頁表格。

關於其他特殊狀況

另外，對於以下一些特殊境外機構開立的境內銀行帳戶，中國國家外匯管理局或中國人民銀行等已有規定的，從其規定；沒有規定的，參照上述政策法規規定辦理相關業務，包括標註NRA等：

1. 合格境外機構投資者從事證券投資。
2. 境外銀行提供清算或者結算服務。
3. 境外中央銀行（貨幣當局）開展貨幣互換。
4. 境外機構投資銀行間債券市場等。

一、相同點

項目	NRA外幣帳戶	NRA人民幣帳戶
帳戶開戶主體	只能是境外合法註冊成立的機構，境外個人不能開立NRA帳戶。	
帳戶開立銀行	境內依法具有吸收公眾存款、辦理國內外結算等業務經營資格的境內中資和外資銀行。	
帳戶名稱及帳戶號碼	帳戶名稱為境外機構的中文或英文名稱全稱，帳戶號碼前須標註NRA，也就是NRA+帳戶號碼。	
國際收支統計申報	通過NRA帳戶與境外、境內之間發生的資金收支，以及由此產生的帳戶餘額變動，均應當按照有關規定辦理國際收支統計申報。	
與境內機構和境內個人帳戶的往來	按照跨境交易管理，境內銀行須審核境內機構和境內個人有效商業單據和憑證後辦理。	
與境外帳戶的往來	與離岸帳戶及其他境外帳戶的往來，均不受境內外匯管制，境內銀行可根據客戶指令直接辦理。	
質押融資	境外機構可將NRA帳戶內資金用於質押融資，若以其做為境內機構從境內銀行獲得貸款的質押物，按照境內貸款項下境外擔保外匯管理規定辦理。	

二、不同點

項目	NRA外幣帳戶	NRA人民幣帳戶
開戶審核機構	直接由境內開戶銀行審核境外機構在境外合法註冊成立的證明文件後開具，不須經外匯局批准。	須經境內開戶銀行所在地人民銀行分支機構批准後方可開具。
收支範圍	可從境內外收匯、相互之間劃轉、與離岸帳戶之間劃轉或者向境外支付，境內銀行可根據客戶指令直接辦理。	1. 跨境貨物貿易、服務貿易、收益及經常轉移等經常項目人民幣結算收支。 2. 政策明確允許或經批准的資本項目人民幣收支。 3. 跨境貿易人民幣融資款項收入，及融資利息、融資款項的歸還。 4. 帳戶孳生的利息收入。 5. 從同名或其他境外機構境內人民幣銀行結算帳戶獲得的收入。 6. 銀行費用支出。 7. 中國人民銀行規定的其他收支。
帳戶資金結匯、購匯限制	不得直接或者變相將該外匯帳戶內資金結匯。	不得轉換為外幣使用，但履行相應手續後，NRA人民幣帳戶內的資金可購匯匯出。
可否辦理現金業務	不得辦理現金業務，確有需要的，須經註冊地外匯局批准。	不得辦理現金收支，確有需要的，須經中國人民銀行批准。
帳戶中資金能否定存或購買理財產品	可定存或購買理財產品。	只能按活期存款計息。
帳戶餘額是否占用境內銀行短期外債額度	占用境內銀行短期外債額度。	不占用境內銀行短期外債額度。

【46】跨境人民幣雙向資金池新規解析

中國大陸的人民銀行2015年9月5日發布279號文《中國人民銀行關於進一步便利跨國企業集團開展跨境雙向人民幣資金池業務的通知》，對前一年11月發布的324號文跨境人民幣雙向資金池政策進行調整。

一、擴大政策適用面

279號文比324號文降低了適用資金池政策的跨國集團要求。

1. 境內外成員企業最低經營年限從3年降低至1年。

2. 境內成員企業上年度營業收入合計金額，從人民幣50億元降低至人民幣10億元。

3. 境外成員企業上年度營業收入合計金額，從人民幣10億元降低至人民幣2億元。

另外，324號文規定地方政府融資平台、房地產行業，及未被列入出口貨物貿易人民幣結算企業重點監管名單的跨國企業集團成員企業，均不能設立資金池，這次的279號文解除了其中對地方政府融資平台和房地產行業設立資金池的限制。

二、擴大跨境人民幣資金淨流入額上限

跨國企業的跨境雙向人民幣資金池業務，實行「上限管理」原則，也就是資金池任一時點淨流入的餘額，不得超過上限（淨流入額是資金池跨境流入額減去流出額的淨額），淨流入餘額的上限計算如下：

跨境人民幣資金淨流入額上限

＝資金池應計所有者權益 × 宏觀審慎政策係數

資金池應計所有者權益

＝∑（境內成員企業所有者權益 × 跨國企業集團持股比例）

　1. 279號文將宏觀審慎政策係數值，從324號文的0.1上調至0.5，等於大幅擴大了5倍的跨境人民幣資金流入額上限。

　2. 資金池應計所有者權益增加超過20%時，經主辦企業申請，結算銀行可以為其調增跨境人民幣資金淨流入額上限；若資金池應計所有者權益減少超過20%，結算銀行應及時為主辦企業調降跨境人民幣資金淨流入額上限。

三、境外企業也可在中國大陸境內銀行設立人民幣資金池帳戶

　279號文規定，跨國企業集團母公司在境外，也可以指定境外成員企業做為開展跨境雙向人民幣資金池業務的主辦企業，境外主辦企業可在境內銀行開立人民幣NRA帳戶，專門用於辦理跨境雙向人民幣資金池業務，帳戶內資金可按單位存款利率執行（可依定期存款利率計息）。

四、允許企業選擇多家銀行辦理資金池業務

　324號文規定企業只能選擇1家具備國際結算業務能力的銀行辦理跨境雙向人民幣資金池業務，279號文則允許主辦企業可同時選擇1到3家銀行辦理跨境資金池業務，如果企業選擇2家以上結算銀行為同一資金池辦理結算，則須在資金池協議中明訂每家結算銀行的跨境人民幣資金淨流入額上限。

五、上海自貿區內企業可同時適用自貿區政策和279號文

上海自貿區很早就不對跨境人民幣資金池政策及加入資金池的境內外成員進行設限，也就是沒有設立時間及營業額要求，資金池淨流入資金也沒上限，相對門檻低，資金使用靈活。本次279號文允許自貿區內企業可同時適用自貿區政策及279號文政策，但問題是同一境內成員企業，只能參加一個資金池。

【47】人民幣境外放款與外幣境外放款差異分析

　　境外放款是指境內企業在核准額度內，以合同約定的金額、利率和期限，向境外與其具有股權關聯關係的企業，提供放款的資金融通方式，可以是直接放款，也可以通過銀行委託貸款。

　　境外放款根據放款幣種不同，分為人民幣境外放款與外幣境外放款。由於境外放款可提高集團公司內部資金的流通性及資金使用效率，境內子公司還可通過借款給境外母公司暫時代替利潤分配，以延緩10%的利潤匯出所得稅繳納。企業則可根據自身情況，考慮資金需求、匯率變動風險等因素後，選擇以人民幣境外放款還是以外幣境外放款。其二者差異具體如下表：

項目	人民幣境外放款	外幣境外放款
放款對象	與境內企業具有股權關係或同由一家母公司最終控股，且由一家成員機構行使地區總部或投資管理職能的境外企業。	與境內企業具有股權關聯關係的境外企業。
境外放款資金來源	人民幣資金池資金。	自有外匯資金、人民幣購匯資金、境內外匯貸款以及經外匯局核准的外幣資金池資金。
放款額度	對人民幣放款額度是否按照外幣放款執行未予以明訂，實務中須按照銀行要求辦理。	境內企業累計境外放款額度不得超過其所有者權益的30%；放款人若為自貿試驗區內註冊登記的境內企業，其境外放款餘額不得超過其所有者權益的50%。 如確有需要超過上述比例，須向所在地外匯局申請辦理。

項目	人民幣境外放款	外幣境外放款
主管機關	境內企業直接向銀行申請批准即可進行境外人民幣放款，無須再通過外匯局。	放款人所在地外匯管理分局負責對境外放款涉及的額度核准、登記、專用帳戶及資金匯兌、劃轉等事項，實施監督管理。
境外放款專用帳戶開立	按照《人民幣銀行結算帳戶管理》（中國人民銀行令[2003]第5號）等銀行結算帳戶管理規定，直接向境內銀行申請開立專門用於人民幣境外放款的人民幣專用存款帳戶。	境內企業在外匯局辦理完境外放款額度登記後，可直接向銀行申請開立境外放款專用帳戶。放款人如有多筆境外放款，可統一開立一個境外放款專用帳戶，並通過該帳戶進行相應資金劃轉。
境外放款資金匯出和收回	所有境外放款資金必須經由放款的人民幣專用存款帳戶，以進行人民幣匯出和收回，且回流金額不得超過放款金額及利息、境內所得稅、相關費用等合理收入之和。	1. 境內企業在核准的額度內，可一次或分次向境外匯出資金。 2. 所有境外放款資金必須經境外放款專用帳戶匯出境外，還本付息資金必須匯回其境外放款專有帳戶，且匯回資金不得超過境外放款餘額與約定利息之和。 3. 境外放款資金匯回入帳後，應首先將原外匯資本金帳戶劃出的金額劃回補足，剩餘部分將原境內外匯貸款專戶劃出的金額劃回補足，其餘部分可劃入經常項目外匯帳戶。對於原購匯部分，可憑原境外放款購匯憑證直接辦理結匯手續。
收回資金幣種限制	必須以人民幣收回。	必須以外幣收回。

項目	人民幣境外放款	外幣境外放款
境外放款專用帳戶資金劃入資本金外匯帳戶的處理	無。	不占用資本金外匯帳戶最高限額；匯、劃入外匯指定銀行在答覆針對該筆還款資金的外匯指定銀行詢證函時，應在備註欄註明「還貸資金」，會計師事務所不得憑此類外匯指定銀行詢證函回函為外商投資企業辦理驗資業務。

　　特殊事項：融資租賃類公司開展對外融資租賃業務時，不受現行境內企業境外放款額度限制，可直接到所在地銀行開立境外放款專用帳戶，用於保留對外融資租賃租金收入，該帳戶內的外匯收入須結匯時，可直接向銀行申請辦理。

【48】人民幣與外幣貿易項下結算差異分析

中國大陸自2009年7月開展跨境貿易人民幣結算試點工作以來，目前已全面開放貿易項下結算幣種，企業可自行選擇使用人民幣或外幣結算。不管採用哪種幣種結算，均須進行國際收支申報；在滿足一定條件的情況下，可享受出口退稅、將出口收入存放境外、跨地區申報出口貨物等政策，但人民幣與外幣結算也存在如下差異：

一、貿易融資占用境內銀行外債額度不同

根據《關於明確跨境人民幣業務相關問題的通知》（銀發[2011] 145號），跨境貿易人民幣結算項下涉及的境內企業對境外的人民幣負債，包括與跨境貿易人民幣結算相關的遠期信用證、海外代付、協議付款、預收延付等，不納入現行外債管理，不占用銀行短期外債餘額指標，僅在人民幣跨境收付信息管理系統中辦理登記。

根據《關於核定2011年度境內機構短期外債餘額指標有關問題的通知》（匯發[2011] 14號），及《關於印發貨物貿易外匯管理法規有關問題的通知》（匯發[2012] 38號），期限在90天（含）以下已承兌未付款遠期信用證和90天（含）以下海外代付，或開證行開立信用證後續做海外代付，兩者期限合計若不超過90天，不占用銀行短期外債餘額指標，反之則占用。所謂90天，遠期信用證指銀行承兌日期至付款日期的天數，海外代付指實際對外付款日期遲於貨物進口日期的天數，其中貨物進口日期以進口貨物報

關單上標明的進口日期為準，實際對外付款日期以國際收支申報單證上標明的付款日期為準。

二、對企業的預收、預付款額度管理不同

根據《跨境貿易人民幣結算試點管理辦法實施細則》（銀發[2009] 212號），人民幣結算項下，企業預收、預付人民幣資金實行比例管理，具體管理辦法由中國人民銀行當地分支機構制定。但根據跨境人民幣結算知識問答，人民幣跨境貿易不實行「貿易收結匯聯網核查」制度。　對於預收、預付人民幣資金超過合同金額25%的，須向其境內結算銀行提供貿易合同，境內結算銀行將該合同的基本要素、預計報關時間等，報送人民幣跨境收付信息管理系統。

根據匯發[2012] 38號，外幣結算項下，A類企業「30天以上（不含）的預收貨款、預付貨款，90天以上（不含）的延期收款、延期付款」；B、C類企業「在分類監管有效期內發生的預收貨款、預付貨款，以及30天以上（不含）的延期收款、延期付款」，在貨物進出口或收付匯業務實際發生之日起30天內，通過外匯監測系統，向所在地外匯局，報送對應的預計收付匯或進出口日期等資訊。外匯局定期或不定期對企業一定期限內的進出口資料和貿易外匯收支資料，進行總量比對，如果預收貨款、預付貨款、延期收款或延期付款各項貿易信貸餘額比率大於25%，或1年期以上的預收貨款、預付貨款、延期收款或延期付款各項貿易信貸發生額比率大於10%，外匯局可實施現場核查，並可能將企業列為B類或C類企業。

三、出口貿易收入進入帳戶不同

　　跨境貨物貿易項下人民幣結算收入不進入待核查帳戶，可直接劃入企業的人民幣帳戶。對於人民幣結算資金必須自動入帳的，境內銀行可先為其辦理入帳，再進行相關貿易真實性審核。

　　外幣結算收入須先進入出口收入待核查帳戶，該帳戶中的外匯資金須先劃入企業經常項目外匯帳戶後，方可用於對外支付貨款、還貸等支出。但對於出口貿易融資業務項下資金，在金融機構放款及企業實際收回出口貨款時，均無須進入待核查帳戶，可直接劃入企業經常項目外匯帳戶。

【49】人民幣外債與外幣外債差異分析

　　一般性外商投資企業的投資總額與註冊資本之間的差額（也就是投註差），是企業可借入的外債總規模（也就是外債額度）；而投資性公司、融資租賃公司、房地產公司的外債額度計算，各有不同規定。但不管是一般性外商投資企業還是特殊性的企業，在其規定額度內均可自行舉借外債，包括外幣外債和人民幣外債。中國人民銀行發布的《關於明確外商直接投資人民幣結算業務操作細則的通知》（銀發[2012] 165號），對境內機構從境外借入人民幣外債進行了規範；中國國家外匯管理局發布的《外債登記管理辦法》和《外債登記管理操作指引》（匯發[2013] 19號），則對之前關於外幣外債的相關規定進行了補充與修訂。

　　根據上述法規相關規定，人民幣外債與外幣外債在額度使用計算、用途等方面均存在差異，具體分析如下表：

項目	人民幣外債	外幣外債
外債帳戶開立	1. 一筆外債只能開立一個外債帳戶。 2. 在企業註冊地的銀行開立，對確有實際需要的，可選擇在異地開立，並報其註冊地中國人民銀行分支機構備案。	1. 一筆外債最多可開立兩個外債專用帳戶；不同外債應分別開立外債專用帳戶。 2. 在企業所屬的分局轄區內的銀行開立；若因特殊經營需要，須在所屬分局轄區以外選擇開戶銀行，或者開立外債帳戶超出規定個數，應當經所在地外匯局核准。

項目	人民幣外債	外幣外債
外債額度使用計算	1. 不分短期外債、中長期外債，均按發生額計算。 2. 第一次延期不重複計入外債額度，再延期則計入。 3. 若以人民幣外債轉增資本，相應的借款不再計入外債額度。	1. 短期外債按餘額計算，中長期外債按發生額計算。 2. 短期外債延期後超過一年的，按發生額計算。 3. 中長期外債辦理展期，或借用新的中長期外債償還過去借用的中長期和短期外債時，在不增加該企業現有外債本金餘額和不辦理結匯的前提下，不重複占用外債額度。
定期存款	僅能活期存款。	可轉存為定期存款，但須在不發生資金匯兌的前提下，在同一分局轄區內、同一銀行自行辦理。
歸還借款	可歸還境內、境外借款（包括境內人民幣借款）。	1. 可歸還境內、境外外幣借款。 2. 結匯後人民幣資金不能用於償還境內金融機構發放的人民幣貸款。
投資有價證券、金融衍生品、理財產品	不允許。	允許以鎖定外債還本付息風險為目的，進行與匯率或利率相關的套期保值。
對外投資	對於非投資類企業，不得用於境內再投資。	允許通過新建企業、購買境內外企業股份等方式，進行股權投資，可原幣劃轉但不得辦理結匯，且債務人的股權投資須符合其經營範圍。

項目	人民幣外債	外幣外債
劃轉境內同名帳戶	除支付工資及用於企業差旅費、零星採購、零星開支等用途的備用金以外，不可劃轉至境內同名人民幣存款帳戶。	不可。
外商投資房地產企業借用外債	不允許。	1. 對2007年6月1日以後（含）取得商務主管部門批准證書且通過商務部備案的，不准借入。 2. 對2007年6月1日以前（不含）成立的，可在原「投註差」範圍內，按相關規定舉借外債；增資後「投註差」小於其增資前「投註差」的，以增資後「投註差」為準。 3. 未取得「國有土地使用證」的，或開發項目資本金未達到項目投資總額35%的，不准借入。
外商投資融資租賃公司的風險資產計算	借用的人民幣外債全部計為風險資產。	借用外幣外債形成的資產全部計算為風險資產。

【50】泉州跨境人民幣政策解析

由於中國境內外人民幣借款利率存在差異,泉州地區的企業有從境外融資低成本人民幣的需求。按照之前的政策,泉州地區的外資企業可通過外債額度從境外借入人民幣;泉州地區的內資企業實務中很難申請到外債額度,即使可以從境外借到人民幣,也無合法管道進入中國境內。2015年7月4日中國人民銀行福州中心支行頒布《關於印發〈泉州金融服務實體經濟綜合改革試驗區開展泉台跨境人民幣貸款業務試點管理辦法〉的通知》(福銀[2015] 217號),自7月4日起,泉州市全部行政區域內註冊成立且在區內實際經營或投資的企業,在符合217號文規定的前提下,外資企業、內資企業皆可從台灣地區銀行機構借入人民幣。

一、具體內容分析

1. 271號文,對於泉州的外資企業而言,除投註差外的傳統外債額度外,又增加了從境外借款的新外債額度;泉州的內資企業則新增了從境外借款的額度。

2. 並不是所有的泉州企業皆適用217號文,借款企業須符合中國國家宏觀經濟產業政策,例如高耗能、高汙染的企業就不能從台灣地區銀行機構借入人民幣。

3. 217號文規定境外借款對象僅為在台灣地區註冊成立的銀行業金融機構,也包括中資商業銀行在台灣地區設立的分支機構。

4. 借款額度為借款企業上年度所有者權益的2倍,上年度所有者權益須以上年度審計報告公布的資料為準。

　　5. 217號文未對借款利率、期限進行限制，該事項可由借貸雙方按照商業原則，在合理範圍內協商確定。借款企業的資金應用於泉州地區的實體經濟建設，不得用於投資有價證券和金融衍生品，不得用於委託貸款，不得購買理財產品、非自用房產等。按照上述規定，借款企業不能將從境外借入的人民幣直接放款給非泉州地區的關聯方（以下簡稱關聯方），若借款企業與關聯方發生採購、銷售交易，也就是借款企業為關聯方企業的採購中心、銷售中心，如此一來借款企業可向關聯方支付採購預付款或延遲收款，則關聯方等於間接使用了「借款資金」。

二、具體操作

　　借款企業應選定泉州的一家銀行金融機構為結算銀行，結算銀行通過人民銀行泉州市中心支行向福州中心支行提交以下資料，進行借款企業的跨境人民幣貸款業務備案：

　　1. 營業執照。

　　2. 上年末審計報告。

　　3. 驗資報告。

　　4. 擬借款金額。

　　5. 資金用途使用說明。

　　6. 已發生的境外本外幣借款，和以本企業為受益人的境外擔保的人民幣實際履約等情況說明。

　　審核通過後，福州人民銀行將出具備案通知書，借款企業憑備案通知書和借款合同在結算銀行開具「人民幣對外借款一般存款帳戶」，該帳戶專門辦理跨境人民幣貸款資金收款、付息、還本

等結算業務。另外必須注意的是，借款企業應在結算銀行取得備
案通知書後10個工作日內辦理提款手續，逾期未提款的須重新申
請備案。

　　泉台跨境人民幣貸款的實施，一方面有助於形成台灣人民幣
多層次回流機制，提高台灣地區沉澱的人民幣資金的使用效率；
另一方面，也進一步拓寬了企業融資管道，降低企業融資成本，
深化泉台經貿往來。

【51】昆山跨境人民幣借款新規解析

　　2013年8月12日中國人民銀行昆山市支行頒布《昆山深化兩岸產業合作試驗區跨境人民幣業務試點暫行辦法實施細則》（昆銀發[2013] 34號），昆山的台資企業（以下簡稱借款企業）可以通過集團雙向借款政策，獲得跨境低成本的人民幣資金。2015年7月13日中國人民銀行南京分行頒布《昆山深化兩岸產業合作試驗區跨境人民幣貸款業務試點管理暫行辦法》（南銀發[2015] 83號），符合條件的借款企業，可從台灣地區銀行機構借入人民幣資金。昆山的台商可選擇34號文與83號文同時適用，或者僅選取一個政策適用。

　　昆山跨境人民幣借款83號文與之前的34號文相比，主要存在以下變化：

一、放款對象

　　34號文規定放款對象為借款企業內部集團的境外關聯方，不能從境外銀行或非關聯方企業直接借入人民幣資金；境外放款對象的資金既可以是自有資金，也可以是從金融機構借入的資金。83號文規定放款對象為在台灣地區註冊成立的銀行業金融機構，也包括中資商業銀行在台灣地區設立的分支機構。從放款對象來看，83號文突破了借款企業要在境外有關聯方、上市上櫃企業資金貸與的限制。

二、借款額度

　　34號文規定借款額度為不得超過該借款企業在中國大陸境內關聯企業淨資產的總額，淨資產以最近一期經審計的年報財務資料為準。83號文未規定借款企業的具體借款額度，對昆山跨境人民幣借款實行總量控管，只要借款企業的借款額度在昆山當前可借入跨境人民幣貸款的額度內，就可以向昆山人民銀行提出申請，最終由人民銀行根據當時總體人民幣外債額度進行審批。

三、資金用途

　　34號文規定借款資金只能用於借款企業自身的生產經營，不得用於委託貸款；而83號文規定借款資金可用於借款企業集團公司內的委託貸款。34號文政策下借款企業的境內關聯方若想使用借款資金，只能讓借款企業承擔境內關聯方的採購中心、銷售中心功能，境內關聯方通過延遲付款、預收帳款的方式間接使用借款資金。相比之下，83號文的資金用途更寬鬆，借款企業可將借款資金直接委託貸款給境內關聯方，更有利於借款企業與境內關聯方之間的資金調度。

　　從目前昆山已頒布的跨境人民幣借款政策來看，借款企業可通過傳統的外債額度從台灣借入人民幣資金，也可通過34號文向境外關聯方，以及通過83號文向台灣地區銀行機構，借入人民幣資金；同時也可通過83號文將資金委託貸款給境內關聯方。34號文由於須從境外關聯方借入，境外關聯方可以在境外銀行取得借款利率比人民幣更低的幣種，如台幣、美元等，再兌換成人民幣

借給昆山台商使用，因此34號文的政策相比83號文，在借款利率上的規劃空間更大。83號文可以使昆山的台資企業成為集團內中國大陸企業的資金中心，其在集團內跨境調度資金可發揮高度靈活性，更容易提高資金的使用效率。

【52】廈門跨境人民幣借款政策解析

2015年7月22日人民銀行廈門市中心支行（以下簡稱人行廈門中支）頒布《廈門跨境人民幣貸款業務試點暫行管理辦法》（以下簡稱《辦法》），凡是在廈門註冊成立的企業（以下簡稱借款企業），無論中資企業還是外資企業，在符合《辦法》規定的前提下皆可從台灣地區銀行業金融機構借入人民幣。

借款企業的經營範圍須符合中國國家宏觀經濟產業政策，若其屬於跨境人民幣貸款業務的負面清單，例如高能耗、高汙染等，則不能適用廈門跨境人民幣借款政策。借款利率、期限等事項，由借款企業、台灣地區銀行業金融機構按照貸款實際用途，在合理範圍內自主確定；《辦法》未規定具體借款額度，須由人行廈門中支根據廈門地區跨境人民幣貸款投放額度等情況，確定借款企業可借入跨境人民幣貸款的額度，實務中只要借款企業可以向台灣地區銀行業金融機構借得到，就可以按本《辦法》讓借款資金進入廈門。

借款資金應確保用於支持實體經濟，不得用於投資有價證券和金融衍生品，不得用於購買理財產品、不得用於購買非自用房產、不得用於除借款人集團公司以外企業的委託貸款。按照上述規定，借款企業可將從台灣地區銀行業金融機構借入的人民幣，通過中國大陸境內銀行委託貸款給集團公司內的關聯企業。由於通過銀行委託貸款，銀行會收取相關管理費且程序比較繁瑣，若借款企業與關聯方發生採購、銷售交易，也就是借款企業為關聯方的採購中心、銷售中心，如此一來借款企業可向關聯企業支付

採購預付款或延遲收款，則關聯方等於間接使用了「借款資金」。

借款企業辦理跨境人民幣貸款業務前，應選定一家廈門地區銀行業金融機構做為主辦業務銀行。借款企業須向主辦銀行提交以下資料：

1. 辦理業務的書面申請書，並說明企業最近1個年度內跨境人民幣業務最新進展情況。

2.「企業法人營業執照」（副本）影本、組織機構代碼影本、最近一期驗資報告、上年度所有者權益和營業收入報表。

3. 人民幣借款合同、人民幣借款用途承諾函等等，反映資金投向。

4. 截至申請日，境外人民幣借款和以企業為受益人的境外擔保的人民幣實際履約等情況說明。

5.「廈門跨境人民幣貸款試點業務備案表」。

6. 其他主辦業務銀行認為需要的資料。

主辦銀行對上述資料進行真實性審核後，送交人行廈門中支進行跨境人民幣借款業務備案，人行廈門中支審批後，將向借款企業出具「收文回執」。借款企業辦理跨境人民幣貸款手續時，應在主辦銀行申請開立「人民幣一般存款帳戶」，專門用於跨境人民幣貸款的資金收付，該帳戶不得辦理現金收付業務。借款企業應在收文回執出具的10個工作日內完成全額提款手續，否則視同跨境人民幣貸款額度失效。主辦銀行應督促借款企業按照備案登記的額度及有關條款及時辦理提款，同時對借款企業跨境人民幣貸款資金使用的真實性，進行盡職審核和追蹤。

【53】跨境人民幣借款實例解析

2013年8月12日中國人民銀行昆山市支行頒布《昆山深化兩岸產業合作試驗區跨境人民幣業務試點暫行辦法實施細則》（昆銀發[2013] 34號），昆山台資企業可通過集團雙向借款政策，獲得跨境低成本的人民幣資金。昆山台資企業可向境內銀行提供現金、承兌匯票、不動產等抵押，境內銀行據此向境外銀行開具融資性保函，擔保母公司進行融資。但由於內保外貸規定境外融資不得以債權或股權的形式進入中國大陸，台灣母公司取得的融資可用於自身支付貨款、費用，其經營所得、貨款可通過34號文借款給昆山台資企業。

一、藉由代銷、代購

假設某台資企業集團在中國大陸已成立東莞A公司、昆山B公司、上海C公司、重慶D公司，經審計的中國大陸4家公司2013年12月31日淨資產為人民幣5億元，其中重慶D公司向當地工商銀行借款人民幣6,000萬元。2014年6月昆山B公司按照34號文從台灣母公司借入人民幣1億元，34號文規定昆山B公司的跨境人民幣借款只能用於昆山B公司自身的生產經營，不得用於委託貸款，也就是昆山B公司不得將從境外借入的低成本人民幣資金委託貸款給重慶D公司。

基於重慶D公司的借款成本較高，重慶也未頒布相應的跨境人民幣借款政策，重慶D公司若想使用昆山B公司跨境人民幣借款，昆山B公司可為重慶D公司代銷售產品，銷售合同中可約定須

支付訂金，如此操作下昆山B公司跨境人民幣借款等於讓重慶D公司使用。重慶D公司收到訂金後，可歸還借款成本較高的銀行借款，昆山B公司則可從貿易差價中獲得收益。從集團整體來看，此種模式可降低利息支出、增加利潤。另外昆山B公司為重慶D公司代採購材料，重慶D公司通過延遲付款也可達到上述效果。

二、開放83號文

上述交易模式雖然解決了台資企業集團內的中國大陸關聯方資金調度問題，但也增加了昆山B公司、重慶D公司的關聯交易。由於昆山B公司在貿易差價中獲得利潤，則重慶D公司的利潤有所降低，稅務機關可能會關注重慶D公司利潤減少的原因。

2015年7月13日中國人民銀行南京分行頒布《昆山深化兩岸產業合作試驗區跨境人民幣貸款業務試點管理暫行辦法》（南銀發[2015] 83號），83號文與34號文規定相比，借款資金皆不得用於投資有價證券和金融衍生品，不得用於購買理財產品，不得用於購買非自用房產。有所差異的是，83號文可允許昆山B公司跨境人民幣借款委託貸款給集團內的中國大陸關聯方，也就是昆山B公司跨境人民幣借款可委託貸款給重慶D公司。83號文的新規定開放了跨境人民幣借款不得委託貸款的限制，雖然還僅限於集團內，但對於企業而言則打通了中國大陸關聯方之間的資金通道，同時也避免了因適用34號文而增加的關聯交易。

從上述案例可以發現，內保外貸可以實現中國大陸台資企業的資產活化，同時也有利於境外銀行的風險管控。34號文增加了境外低成本人民幣資金進入中國大陸的通道，而83號文除增加進

入中國大陸的通道外,也開放了集團內關聯方的委託貸款。隨著
34號文、83號文的逐步實施,首先有利於拓寬昆山台資企業的融
資管道,其次有利於簡化業務的辦理流程,該項業務不占用企業
投註差,無須進行外債登記。最後,有利於將昆山B公司打造成為
集團的中國大陸資金中心,進而提高資金的使用效率。

【54】各地跨境人民幣借款政策對比分析

　　為了進一步拓寬境內企業融資管道，降低企業融資成本，同時解決境外人民幣資金回流的問題，2014年6月13日蘇州工業園區經中國人民銀行總行批覆開展跨境人民幣創新業務試點，之後2015年7月泉州、昆山、廈門先後頒布了各自的跨境人民幣借款政策，四地借款企業的經營範圍皆須符合中國國家宏觀經濟產業政策，若屬於跨境人民幣借款業務的負面清單，例如高能耗、高汙染等，則不能適用跨境人民幣借款政策。四地對借款利率、期限皆未進行限制，可由借貸雙方按照商業原則在合理範圍內協商確定。四地跨境人民幣借款政策差異分析如下。

一、借款對象

　　蘇州、泉州、廈門的借款對象為各自區域內的所有企業，無論內資、外資企業，無論生產型企業還是外貿企業，皆可適用各自的跨境人民幣借款政策；昆山的借款對象則為昆山的台資企業，是指由台灣地區的企業或個人在昆山試驗區直接投資成立，以及由台灣地區企業或個人通過境外第三地間接投資成立並在區內實際經營的企業。從借款對象來看，蘇州、泉州、廈門比昆山的範圍更寬，昆山跨境人民幣借款政策更傾向扶持台資企業。

二、放款對象

　　泉州、昆山、廈門的放款對象為在台灣地區註冊成立的銀行業金融機構，也包括中資商業銀行在台灣地區設立的分支機構；

蘇州的放款對象則為在新加坡註冊成立的銀行業金融機構，也包括中資商業銀行在新加坡設立的分支機構。從放款對象來看，泉州、昆山、廈門的跨境人民幣借款政策可以解決台灣地區人民幣的回流問題，而蘇州的跨境人民幣借款政策可以解決新加坡人民幣的回流問題。泉州、廈門靠近台灣，存在地緣因素，因此泉州、廈門、昆山的台資企業在外資企業中占比較高，而蘇州工業園區是中國與新加坡的合作項目，放款對象存在差異亦是考慮到四地的上述現狀。

三、借款額度

蘇州、昆山、廈門未規定借款企業的具體借款額度，對跨境人民幣借款實行總量控管，只要借款企業的借款額度在當前可借入跨境人民幣借款的額度內，就可以向所屬中國外匯局或人民銀行提出申請，最終由外匯局或人民銀行根據當時總體人民幣外債額度進行審批。泉州借款額度為借款企業上年度所有者權益的2倍，上年度所有者權益必須以上年度審計報告公布的資料為準。從借款額度來看，蘇州、昆山、廈門比泉州的借款額度高的可能性更大，有利於當地符合條件的企業從境外獲得低成本的跨境人民幣借款。

四、資金用途

四地借款資金應確保用於支持實體經濟，不得用於投資有價證券和金融衍生品，不得用於購買理財產品及非自用房產。有所區別的是，泉州要求不得進行委託貸款，而蘇州、昆山、廈門要

求不得用於除借款人集團公司以外企業的委託貸款。相比之下，蘇州、昆山、廈門比泉州的資金用途更寬鬆，借款企業可將借款資金直接委託貸款給境內關聯方，有利於借款企業與境內關聯方之間的資金調度。

從上述比較來看，四地的跨境人民幣借款政策各有側重點，昆山強調借款對象為台資企業，蘇州強調放款對象為在新加坡註冊成立的銀行業金融機構，泉州強調借款額度為上年度所有者權益的2倍，廈門強調可向集團內的中國大陸其他關聯方進行委託貸款。

【55】人民幣跨境政策說明

人民幣跨境交易目前已經完全開放了經常項目項下往來及結購匯，資本項下也已經可以跨境往來，但結購匯尚未完全開放。

一、人民幣經常項目跨境往來

2009年7月，人民銀行等六部委聯合發布《跨境貿易人民幣結算試點管理辦法》，上海市和廣東省的4個城市率先開展跨境貿易人民幣結算試點。2010年6月，人民銀行等六部委聯合將試點地區擴大到北京、天津等20個省（自治區、直轄市），不再限制境外地域範圍。2011年8月，人民幣跨境交易擴大到中國大陸全國，2012年2月，人民銀行等六部委明訂參與出口貨物貿易人民幣結算的主體不再限於列入試點名單的企業，所有具有進出口經營資格的企業均可開展出口貨物貿易人民幣結算業務。因此，目前境內貿易項下的人民幣跨境交易，已對具有進出口經營資格的所有企業開放。

服務貿易項下，諸如支付特許權使用費、勞務費等，也都已經可以人民幣直接支付。

人民幣跨境貿易不實行「貿易收結匯聯網核查」制度。僅對於預收、預付人民幣資金超過合同金額25%的，須向其境內結算銀行提供貿易合同，境內結算銀行將該合同的基本要素、預計報關時間等，報送人民幣跨境收付信息管理系統。

二、資本項目跨境往來

2010年8月，人民銀行明訂境外中央銀行、境外銀行等境外機構可以運用人民幣進入銀行間債券市場投資。2010年10月，允許境外機構在境內銀行開立人民幣帳戶（NRA帳戶），2011年1月和10月，先後允許境內機構以人民幣進行對外直接投資，和境外投資者以人民幣到境內開展直接投資。2012年6月，允許境內外商投資企業借用人民幣外債，允許人民幣外債歸還境內人民幣貸款。

2013年7月，人民銀行明訂境內非金融機構可開展人民幣境外放款結算業務和人民幣對外擔保業務，進一步放寬了境內銀行向境外參加行提供人民幣帳戶融資的期限和限額。2014年11月，跨國企業集團開展跨境人民幣資金集中運營業務，允許人民幣合格境內機構投資者（RQDII）以人民幣開展境外證券投資，明確了「滬港通」有關跨境人民幣結算事宜。2015年9月，對跨國集團企業的跨境人民幣資金集中運營業務政策進行了修正，對政策適用面有所開放。

目前外商已經可以人民幣對境內進行投資，且外資企業可在投註差額內借入人民幣外債，但人民幣投資及人民幣外債的使用仍須按照外幣資本金的管理方式，在使用時須提交合同、發票等交易真實性證明文件。

另目前已經在深圳前海、上海自貿區、蘇州工業園區、昆山、廈門、泉州、青島、天津等地試點跨境人民幣借款政策，在這些試點地區的企業，能夠在不占用投註差外債的基礎上，從境外借入人民幣在境內使用。

　　與企業跨境人民幣政策的大幅放寬不同的是，目前個人的跨境人民幣尚處於試點階段，例如昆山的試點政策允許外籍個人以人民幣匯出工資等經常項目所得，但賣房所得等資本項目仍不能以人民幣匯出。

第四篇

自由貿易試驗區

【56】上海自貿區金融新政對台商的影響分析

2015年11月30日實施上海自貿區40條金融新政，為台商打開融資管道，並為台灣金融業吸引更多中國大陸居民個人業務和投資中國大陸金融服務行業，帶來全新機會。

上海自貿區之所以受到外界重視，是因為從上海自貿區的金融改革，就可窺見未來中國大陸整體金融方向何去何從，不管是台資企業還是台灣金融業，都必須儘早研判這些政策，把自己的資金安排與中國大陸投資計畫和上海自貿區改革措施對接，進一步提升台商未來在中國大陸的競爭力。

自從2012年12月《關於金融支持中國（上海）自由貿易試驗區建設的意見》30條政策公布後，直到2015年10月30日由人行、商務部、銀監會、外匯局、證監會五部委共同發布的40條最新政策《進一步推進中國（上海）自由貿易試驗區金融開放創新試點：加快上海國際金融中心建設方案》，歷時2年才再次把上海自貿區推向中國大陸金融改革前緣。台商可從「人民幣資本項目開放、人民幣跨境使用、放寬內外資設立金融行業限制」三大方向，進行解讀。

一、人民幣資本項目可兌換

2012年上海自貿區就已提出要開放中國大陸居民個人赴境外投資，只是一直不見具體細則，本次方案再次提出將開放中國大陸居民個人赴境外投資，投資標的可以是境外實業，也可以是不動產或金融商品。這項政策會對台灣金融機構帶來實質效益，不

管是之前台灣官方希望吸引中國大媽投資台灣股票，或是吸引中國大陸居民在中國大陸就可以直接投資台灣金融商品，都會產生一條全新的引資管道。

除此之外，此次新政還強調上海自貿區將推進FT帳戶（自由貿易帳戶）的本外幣一體化作業，嘗試進行非金融類企業在限額內可自由兌換本外幣，並逐步擴大額度，同時針對中國大陸居民每年只可兌換5萬美元等值外幣的限制進行放寬。

二、擴大人民幣跨境使用

官方將支持上海自貿區內企業的境外母公司或子公司，在中國大陸境內發行人民幣債券，對於上海自貿試區內的個體工商戶，則鼓勵向其境外經營主體提供跨境人民幣資金；另一方面，官方將拓寬境外人民幣回流中國大陸管道，擴大境外人民幣在中國大陸境內投資金融產品範圍，促進人民幣資金跨境雙向流動。

三、開放上海自貿區的內、外資企業設立金融服務業

1. 鼓勵設立從事境外股權投資的項目公司，支持符合條件投資者設立境外股權投資基金。

2. 允許外資金融機構設立合資證券公司，但外資持股比例不得超過49%，至於內資股東則不再要求為證券公司，並允許擴大合資證券公司業務範圍。

3. 放寬現在中國大陸境內銀行不能從事保險、證券類業務的限制，在風險可控前提下，嘗試開展金融業綜合經營與允許設立金融控股公司。

4. 在中國大陸與港澳、台灣有關經貿合作協議框架下，提高港澳台地區金融行業參股金融機構持股比例。

5. 支持民營資本進入金融業，依法設立民營銀行、金融租賃公司、財務公司、汽車金融公司和消費金融公司等金融機構。

6. 目前中國大陸只有浦發、交行、招商、平安四家銀行獲准從事OBU業務（離岸銀行業務），未來上海自貿區將支持獲得OBU業務的銀行在自貿區內擴大離岸業務，並在確認風險評估基礎上，再擴大試點銀行業務範圍。

【57】銀行利用上海自貿區FT帳戶融資解析

　　2015年2月12日，人民銀行上海總行發布了銀總部發[2015] 8號文《中國（上海）自由貿易試驗區分帳核算業務境外融資與跨境資金流動宏觀審慎管理實施細則（試行）》，首次明訂符合條件的銀行，可以通過FT帳戶（即自由貿易帳戶），在限額內從境外融入本、外幣資金，至此，8號文算是真正把FT帳戶和銀行本身的融資連在一起。

　　問題是根據8號文要求，銀行想透過FT帳戶從境外融入本外幣資金，須先經官方批准，在上海地區設立的各類法人金融機構，或全國性金融機構在上海設立的分支機構，才享有利用FT帳戶境外融資權利，目前台資銀行在中國多為分行，分行不具備獨立法人資格，不符合上述8號文要求銀行開立FT帳戶條件。

　　至於其他少數符合8號文條件，可以利用FT帳戶進行境外融資的台資銀行，還是須留意以下細節：

一、借款額度上限

　　銀行境外融資上限不得超過其資本 × 境外融資槓桿率 × 宏觀審慎調節參數（目前為1），至於境外融資槓桿率的規定為：

　　1. 在自貿區內設立的法人制銀行，為一級資本的5倍。

　　2. 全國性法人制銀行的上海市分行，設定為其境內法人機構一級資本的5%。

　　上述資本指最近一期經審計財務報表所列實收資本與資本公積之和，計算原則每年調整一次。

二、借款額度計算方式

計算公式為：

境外融資＝Σ 境外融資餘額 × 期限風險轉換因子 × 幣種風險轉換因子 × 類別風險轉換因子

1. 期限風險轉換因子：是指按約定的還款期進行區分，約定還款期在1年以內（含1年）的短期借款，設定為1.5，若是1年以上的中長期借款則設定為1。

2. 幣種風險轉換因子：指按融資幣種進行區分，境外融資以人民幣計價結算，幣種風險轉換因子設定為1，以外幣計價結算時設定為1.5。

3. 類別風險轉換因子：按表內、表外業務進行區分（這裡的「表」指「資產負債表」），表內融資的風險轉換因子設定為1，表外融資（或有負債）的風險轉換因子設定為0.2和0.5二種層次。

從上述規定可看出，8號文鼓勵銀行境外融資是以人民幣和中長期借款為主。

三、境外融資種類區分

1. 不計入借款額度的境外融資

（1）金融機構基於自由貿易帳戶服務，從境外主體吸收的境外本外幣存款。

（2）金融機構因辦理基於真實跨境貿易結算產生的各類人民幣貿易融資。

（3）分帳核算境外融資形成的區內債權資產真實出表（此處

的出表，是指移出資產負債表，不須在資產負債表中顯示的債務），並向境外轉讓後獲得的境外資金。

2. 計入借款額度的境外融資

（1）外幣貿易融資：金融機構的外幣貿易融資按20%計入，其中期限轉換因子統一按1的數值計入。

（2）表外融資：金融融機構因向自由貿易帳戶客戶提供基於真實跨境交易和資產負債幣種及期限風險對沖管理服務，而須形成的對外或有負債（指因為過去的交易或事項而形成，但目前狀況下暫時無法確認在未來是否會發生的負債，包括融資性擔保），按20%計入分帳核算境外融資；若因自身幣種及期限風險對沖管理需要，參與國際金融市場交易而產生的或有負債，按50%計入分帳核算境外融資。

銀行透過FT帳戶從境外借入資金的用途受到限制，必須用於銀行分帳核算業務自身經營活動，或是用於自貿區內和境外，最好都是基於服務實體經濟發展的目的。

【58】台商利用上海自貿區FT帳戶融資解析

　　除了台資銀行外，FT帳戶對企業融資也有相當程度的創新，2015年2月12日的8號文規定，註冊在上海自貿區內的企業可通過FT帳戶（自由貿易帳戶），在限額內從境外融入人民幣或外幣資金。

一、借款企業條件

　　必須是註冊在上海自貿區內的企業才可以開立FT帳戶，也才可以通過FT帳戶在境外融資。目前上海自貿區已從外高橋保稅區、浦東機場保稅區、洋山保稅港區範圍，擴大至包含陸家嘴金融區、張江高科技園區及金橋開發區。

二、借款額度上限

　　借款額度上限為資本額的2倍，資本額定義包括企業的註冊資本及資本公積，以最近一期境內會計師出具的審計報告為準，該額度上限每年可調整一次。但須注意，上海自貿區內企業只能在外債、跨境人民幣借款及FT帳戶三個借款方式中擇一適用，所以，從這個借款額度上限的規定可看出，目前台商想在自貿區內新設企業透過FT帳戶向境外借款的意義不大。

三、借款額度計算方式

　　借款額度計算方式，與之前分析的銀行規定並無差異，計算公式為：

境外融資＝Σ境外融資餘額×期限風險轉換因子×幣種風險轉換因子×類別風險轉換因子

其中，

1. 期限風險轉換因子：按約定還款期進行區分，約定的還款期在1年以內（含1年）的短期借款，設定為1.5，若是1年以上中長期借款則設定為1。

2. 幣種風險轉換因子：按融資幣種進行區分，境外融資以人民幣計價結算，幣種風險轉換因子設定為1，以外幣計價結算，則設定為1.5。

因此可以看出，8號文鼓勵企業多利用FT帳戶進行人民幣且是中長期借款為主的融資模式。

四、境外融資種類區分

1. 不計入借款額度的境外融資

（1）貿易融資：區內企業因開展真實跨境貿易產生的貿易信貸（包括應付和預收）和人民幣貿易融資，不計入分帳核算境外融資。

（2）集團內企業資金：區內企業按跨境人民幣雙向資金池規定歸集的集團資金。

（3）轉讓與減免：境外融資轉增資本或已獲得債務減免等情況下，相應融資金額不再計入分帳核算境外融資。

2. 計入借款額度的境外融資

（1）外幣貿易融資：企業的外幣貿易融資按20%計入，其中期限轉換因子統一按1計。

（2）跨境擔保履約：企業跨境擔保已實際履約並構成新的跨
　　　境融資關係的金額，按實際情況計入。

　　台商若是通過FT帳戶從境外融入資金，必須用於自身生產經
營活動、自貿區內及境外項目建設；根據銀總部發[2014] 46號的
規定，企業可以使用FT帳戶償還自身名下且存續期超過6個月的
上海市銀行業金融機構發放的人民幣貸款，或是新建投資、併購
投資、增資等實業投資。

【59】廣東自貿區金融政策解析

2015年12月11日，中國大陸央行發布了《中國人民銀行關於金融支持中國（廣東）自由貿易試驗區建設的指導意見》，廣東自貿區的金融政策主要是支持粵、港、澳三地之間合作。

一、對港、澳金融業的特殊政策

1. 支持自貿試驗區金融機構與港澳地區金融同業開展跨境人民幣借款業務。福建自貿區政策是可以從台灣的銀行同業拆入或拆出人民幣短期資金，資金用途及拆借期限須符合同業拆借的規定，廣東自貿區則需從港澳地區的金融同業借入人民幣資金（不能借出給港、澳金融同業），但對借款期限、借款金額未明確說明，借款用途則是暫不得用於投資有價證券（包括理財等資產管理類產品）、衍生產品。

2. 支持區內個人從港澳地區借入人民幣資金，用於在區內購買不動產等支出。支持港澳地區個人在區內購買人民幣理財產品。境內個人至境外銀行借款，勢必會涉及境內資產跨境抵押擔保的問題，目前對境內個人的境內資產跨境抵押擔保，雖然法規上已經開放，但實務中仍很難辦理。

二、跨境人民幣

1. 允許自貿試驗區內融資租賃機構開展跨境雙向人民幣資金池業務、人民幣租賃資產跨境轉讓業務。

2. 支持自貿試驗區內符合條件的企業根據自身經營和管理需

要，開展集團內跨境雙向人民幣資金池業務，便利區內跨國企業開展跨境人民幣資金集中運營業務。相比於全國性政策，上海自貿區試點的集團企業跨境人民幣雙向資金池政策對參與企業的設立年限、營業額及資金池淨流入限額等均無要求，廣東自貿區是否會比照上海自貿區政策，尚需等待細則公布。

3. 研究（指後續會開放相關政策，但相關政策的細則尚須研究並公布）區內個人以人民幣開展直接投資、證券投資、集合投資等境外投資，辦理與移民、捐贈、遺贈和遺產相關的資產轉移業務。境內個人人民幣跨境業務目前只有在昆山等地進行試點，且僅限經常項目往來，廣東自貿區則明確會開放部分個人資本項下的跨境人民幣往來。

4. 推動自貿試驗區與港澳地區金融市場對接。支持區內外資企業的境外母公司或子公司，按規定在境內銀行間市場發行人民幣債券；支持區內金融機構和企業在香港資本市場發行人民幣股票和債券，募集資金可調回區內使用，用於自貿試驗區開發建設和企業生產經營；支持港澳地區機構投資者在自貿試驗區內開展合格境內有限合夥人（QDLP）業務，募集區內人民幣資金投資香港資本市場；支持港澳地區機構投資者在自貿試驗區內開展合格境外有限合夥人（QFLP）業務，參與境內私募股權投資基金和創業投資基金的投資。

5. 支持粵、港、澳三地機構在自貿試驗區內合作設立人民幣海外投貸基金，募集內地、港澳地區及海外機構和個人的人民幣資金，為中國企業「走出去」開展投資、併購提供投融資服務。

6. 擴大自貿試驗區支付服務領域、徵信服務業對港澳地區開放。支持自貿試驗區內註冊設立的港澳非金融企業，依法申請支付業務許可。支持港澳地區服務提供者按規定在自貿試驗區內設立徵信機構和分支機構。探索建立自貿試驗區與港澳地區徵信產品互認機制。改進徵信機構業務管理方式，便利港澳地區服務提供者在自貿試驗區經營徵信業務。

三、資本項下外匯改革

廣東自貿區資本項下外匯改革政策與天津及福建自貿區一致，主要是限額內資本項目可兌換，及允許區內機構在淨資產的一定倍數（暫定1倍，視宏觀經濟和國際收支狀況調節）內借用外債，企業外債資金實行意願結匯。

【60】福建自貿區金融政策解析

2015年12月11日，中國大陸央行發布了《中國人民銀行關於金融支持中國（福建）自由貿易試驗區建設的指導意見》，總共有30條。

一、對台金融政策

1. 自貿試驗區銀行業金融機構可與台灣地區金融同業按一定比例跨境拆入人民幣短期借款，並可向台灣地區金融同業跨境拆出短期人民幣資金，在四個自貿區中此政策為福建自貿區獨有，突破了目前人民幣跨境同業帳戶資金匯劃須基於結算需求的限制，但只能拆入或拆出短期資金，可拆入資金的比例也尚未公布。利用此政策，台灣的銀行持有的人民幣可直接回流至境內分行使用。

2. 允許符合條件的銀行機構為境外企業和個人開立新台幣帳戶，允許金融機構與台灣地區銀行之間開立新台幣同業往來帳戶辦理多種形式結算業務，試點新台幣區域性銀行間市場交易。目前境內企業與台灣的企業交易、台籍個人匯出在中國大陸合法人民幣所得時，一般都是先將人民幣兌換成美元匯至台灣，台灣企業或個人再將美元兌換為台幣，因為須兌換兩次，因此會出現兩次匯率損失。境內企業和台籍個人開立新台幣帳戶後，可以使用新台幣進行交易，降低匯率損失。

二、擴大人民幣跨境使用

1. 支持自貿試驗區內金融機構和企業按規定在境外發行人民幣債券，所籌資金可根據需要調回區內使用。根據現行規定，境外發行的人民幣債券，未經人民銀行同意，不得調回境內使用。福建自貿區的金融機構和企業境外發行的人民幣債調回境內使用，是否仍須人民銀行核准，或有額度限制，還須等待細則公布。

2. 支持自貿試驗區內非銀行金融機構和企業在外債宏觀審慎管理框架下，從境外借用人民幣資金，借入的資金不得用於投資有價證券、理財產品、衍生產品，不得用於委託貸款。須注意的是，廈門的跨境人民幣借款政策不占用投註差外債額度，且借入的人民幣資金允許在境內關聯方之間進行委託貸款，與自貿區政策並不一致。

3. 自貿試驗區內符合條件的跨國公司可根據自身經營需要，備案開展集團內跨境雙向人民幣資金池業務，為其境內外關聯企業提供經常項下人民幣集中收付業務。但此條未說明福建自貿區的跨境人民幣雙向資金池的准入條件，是否與全國政策存在差異。

4. 支持自貿試驗區個人開展經常項下、投資項下跨境人民幣結算業務。

三、資本項下外匯改革

1. 實行限額內資本項目可兌換

在自貿試驗區內註冊的、負面清單外的境內機構，按照每個機構每自然年度跨境收入和跨境支出均不超過規定限額（暫定等

值1,000萬美元,視宏觀經濟和國際收支狀況調節),自主開展跨境投融資活動。限額內實行自由結售匯。

2. 外債自律管理

允許區內機構在淨資產的一定倍數(暫定1倍,視宏觀經濟和國際收支狀況調節)內借用外債,企業外債資金實行意願結匯。相比深圳前海註冊企業可在淨資產2倍內借用外債,上海自貿區企業可通過FT帳戶按「註冊資本+資本公積」的2倍借用外債,額度較小。

3. 放寬跨國公司外匯資金集中運營管理准入條件

進一步簡化資金池管理,允許銀行審核真實、合法的電子單證,為企業辦理集中收付匯、軋差結算業務。

上述三項政策,均為廣東、福建、天津自貿區共有,上海自貿區則只有第3項政策。

【61】天津自貿區金融政策解析

2015年12月11日中國大陸央行發布的《中國人民銀行關於金融支持中國（廣東）自由貿易試驗區建設的指導意見》，明確了天津自貿區金融政策主要針對融資租賃業務。

一、對融資租賃公司特殊政策

1. 允許融資租賃公司在境外發行人民幣債券，募集資金可調回區內使用。外資融資租賃公司的境外母公司也可按規定在境內發行人民幣債券。

2. 允許融資租賃公司開展跨國公司跨境人民幣雙向資金池業務，且不受全國政策中有關境內外企業設立年限、營業額和淨流入額上限的限制。

3. 在自貿試驗區內註冊的融資租賃公司，按照每個機構每自然年度跨境收入和跨境支出均不超過規定限額（暫定等值1,000萬美元，視宏觀經濟和國際收支狀況調節），自主開展跨境投融資活動。限額內實行自由結售匯。

4. 允許區內融資租賃公司在淨資產的一定倍數（暫定1倍，視宏觀經濟和國際收支狀況調節）內借用外債，外債資金實行意願結匯。須注意的是，外資融資租賃公司仍可按照淨資產 × 10 - 風險資產的方式借入外債，此政策主要適用內資融資租賃公司。

5. 允許融資租賃公司開展跨國公司外匯資金集中運營管理試點業務。根據規定，自貿區企業開展資金集中運營業務試點，其備案條件中上年度本外幣國際收支規模可由超過 1 億美元調整為

超過 5,000 萬美元，其餘按照《國家外匯管理局關於印〈跨國公司外匯資金集中運營管理規定〉的通知》（匯發[2015] 36 號）辦理。根據外匯資金集中運營的規定，成員企業借入的外債可結匯歸還境內人民幣貸款，可用於股權投資，可根據商業原則自主選擇償債幣種，償債幣種可以和借款幣種不一致

　　6. 允許自貿試驗區內符合條件的融資租賃公司收取外幣租金。

　　7. 支持租賃公司依託自貿試驗區要素交易平台（指以權益、商品等為標的物，為市場參與者提供平等、透明交易機會進行有序交易的平台，能加速物流、資金流、信息流、人才流、商流的聚集，爭得產品定價權和國際話語權），開展以人民幣計價結算的跨境租賃資產交易。

　　8. 允許自貿試驗區內租賃公司在境外開立人民幣帳戶用於跨境人民幣租賃業務，允許租賃公司在一定限額內同名帳戶的人民幣資金自由劃轉。

二、跨境人民幣政策

　　1. 支持自貿試驗區內金融機構和企業按宏觀審慎原則從境外借用人民幣資金，借入資金不得用於投資有價證券、理財產品、衍生產品，不得用於委託貸款。自貿試驗區內的銀行業金融機構可按規定向境外同業跨境拆出短期人民幣資金。與福建自貿區不同，天津自貿區僅允許境內銀行向境外同業拆出短期人民幣資金，而不允許拆入，但天津自貿區境內銀行可以從境外借入人民幣資金，且並沒有像廣東自貿區限定只能從香港、澳門銀行借入。

　　2. 研究在自貿試驗區內就業並符合條件的境內個人按規定開展各類人民幣境外投資。在自貿試驗區內就業並符合條件的境外個人，可按規定開展各類境內投資。

　　從上海、天津、福建、廣東四個自貿區的金融政策來看，四個自貿區在外匯政策上基本一致，差異主要是集中在人民幣跨境政策上，其中上海自貿區獨有自由貿易帳戶（FT帳戶）政策，天津、福建、廣東自貿區則分別在融資租賃、兩岸、港澳政策上有所差異。對設立在天津、福建、廣東自貿區的台資銀行來說，後續均可通過人民幣跨境借款政策從境外融入人民幣資金在境內使用。上海自貿區則由於僅限境內法人主體銀行可利用FT帳戶從境外融資，造成適用的台資銀行較少。

第五篇

綜合

【62】利用NRA帳戶進行福費廷業務

根據NRA帳戶的管理規定，美元或人民幣NRA帳戶均可進行符合規定的融資業務，但做為境外公司在境內銀行開立的離岸帳戶，NRA帳戶的融資業務也有一些限制。

一、關於收入與支出範圍

根據《中國人民銀行關於境外機構人民幣銀行結算帳戶開立和使用有關問題的通知》（銀發[2012] 183號），境外機構人民幣銀行結算帳戶收入及支出範圍規定如下：

1.收入範圍

（1）跨境貨物貿易、服務貿易、收益及經常轉移等經常項目人民幣結算收入。

（2）政策明確允許或經批准的資本項目人民幣收入。

（3）跨境貿易人民幣融資款項。

（4）帳戶孳生的利息。

（5）從同名或其他境外機構境內人民幣銀行結算帳戶獲得的收入。

（6）中國人民銀行規定的其他收入。

2.支出範圍

（1）跨境貨物貿易、服務貿易、收益及經常轉移等經常項目的境內人民幣結算支出。

（2）政策明確允許或經批准的資本項目人民幣支出。

（3）跨境貿易人民幣融資利息及融資款項的歸還。

（4）銀行費用支出。

（5）中國人民銀行規定的其他支出項目。

二、大幅提高時效

　　寧波外匯局發布的甬外管覆[2010] 33號也明訂了外幣NRA帳戶可進行信用證業務。根據上述規定，通過NRA帳戶進行福費廷（編註：英文forfeiting的音譯，指無追索權的融資）融資是完全可以操作的。

　　假設境內甲公司從境外A公司購入大型機器設備，使用從境內Y銀行開立的360天遠期信用證付款。傳統模式下，如A公司在信用證未到付款期必須提前使用資金時，可採取將甲公司開立的信用證在境外銀行申請押匯或申請福費廷業務。由於境內外分屬不同的銀行，A公司選擇申請信用證押匯或福費廷業務，在交易速度上會受到影響。

　　如A公司在境內Y銀行開立NRA帳戶（美元或人民幣均可），甲公司通過Y銀行開立了遠期信用證後，通過Y銀行通知A公司。A公司按照信用證要求發貨後，在Y銀行交單，並申請融資。Y銀行以開證行身分承兌遠期信用證，同時還以議付行的身分對境外A公司進行福費廷融資，將融資款項匯入A公司的NRA帳戶。由於開證、承兌、融資均在Y銀行完成，因此在時效性上能大幅度提高。另須注意，Y銀行對A公司進行的福費廷美元融資，須占用Y銀行的外債額度，在Y銀行外債額度不足時，Y銀行還可以將買入的福費廷轉賣給其他銀行。如Y銀行對A公司的福費廷融資為人民幣，則不占用Y銀行的外債額度。

　　相比傳統模式，利用NRA帳戶進行福費廷融資，在時效性及費率上更有優勢。但銀行進行此類業務時也須根據「了解你的客戶（KYC）」、「了解你的業務（KYB）」、「盡職審查（CDD）」的展業三原則進行。境內外企業之間進行福費廷業務必須基於真實的貨物交易，非真實的貨物交易不能進行福費廷業務。另，從是否占用境內銀行外債額度的角度來說，人民幣福費廷業務對境內銀行更為有利。

【63】利用跨境擔保進行貿易融資

有境外採購或出口業務的台商，為了在境外控制金流，一般的交易模式都是中國大陸境內的生產廠不直接與供應商、客戶往來，而是通過自己的關聯公司進行境外採購或者出口。這種模式下，如果中國大陸工廠需要資金，但台商在境外可提供擔保資產較少，則境外公司並無能力對中國大陸工廠的資金提供必要的支持，無法利用境外融資成本較低的優勢。

2014年5月，中國國家外匯管理局發布了《跨境擔保管理辦法》（匯發[2014] 29號），允許境內公司為自己的境外母公司、子公司或者無股權關聯的公司進行擔保，同時取消了境外公司須盈利及境內公司擔保借款的額度限制。境內企業可用境內資產為境外公司進行擔保，在境外銀行進行貿易融資。

中國大陸生產廠可以將境內不動產、存單等直接抵押給境外的銀行，為境外公司提供擔保，境外銀行在取得擔保後，可為境外公司進行開立信用證、押匯、代付、訂單、保理等貿易融資業務。境外公司在獲得境外的押匯款項後，可在貿易項下以預收款、應收帳款名義，將款項匯入中國工廠結匯成人民幣使用，而開立信用證及代付等，可延長中國工廠的應付款帳期。但須注意的是，根據中國貿易項下收付匯的規定，企業90天以上的預收帳款不能超過前12個月收匯額的25%，同樣90天以上的應付款不得超過企業前12個月付匯額的25%，如有超過，可能會引發外匯局的現場核查。

另須注意，上述的融資模式構成了29號文規定的「內保外貸」，根據規定，內保外貸資金在貿易項下允許回流至境內使用，

但如果符合以下條件，將會被視為違反規定將內保外貸資金調回境內使用：

　　1. 付款時間相對於提供貨物或服務的提前時間超過1年。

　　2. 預付款金額超過100萬美元及買賣合同總價30%（出口大型成套設備或承包服務時，可將已完成工作量視同交貨）。

　　以上2條，只要不同時符合，就沒有違反內保外貸資金貿易項下調回境內使用的規定。

　　對於將內保外貸資金違規調回境內使用的，中國大陸外匯局除對境內擔保人（如由銀行開具保函，境內擔保人為銀行）給予警告外，還會處以違法金額30%以下的罰款。

　　上述「內保外貸」須中國大陸生產廠至外匯局辦理「內保外貸」登記，後續如發生違約，可憑外匯局出具的內保外貸登記憑證、履約證明文件等，至銀行直接匯出履約款項。

　　通過境內生產廠資產擔保境外公司在境外進行貿易融資，可以降低境內生產廠的融資成本，增加融資靈活度。對台灣的銀行來說，一方面，有實質資產抵押，可降低銀行風險，另一方面貿易融資並不占用中國大陸曝險額度。

　　目前中國大陸一線城市（如北京、上海、廣州、深圳等）房地產交易中心，均已可以辦理境內不動產直接抵押給境外銀行的手續，但仍有部分地區（如蘇州、昆山等）房地產交易中心尚未開放境內不動產直接抵押給境外銀行，這些地區只能採取將不動產抵押給境內銀行，再由境內銀行開具保函給境外銀行擔保境外公司貿易融資，但這種模式由於增加了境內銀行保函的成本，境內企業接受度較低。

【64】利用跨境擔保轉讓債權

《跨境擔保外匯管理規定》（匯發[2014] 29號）發布後，為出口型的台資企業境外融資提供了較大的便利，台商可利用跨境擔保來降低融資成本。

境內銀行向境外銀行轉讓債權，須區分境外銀行就轉讓後的債權對境內銀行是否有追索權。境外銀行無追索權的情況下，根據上海外匯局《關於三菱東京日聯銀行（中國）有限公司開展外幣保理業務有關問題的批覆》（上海匯覆〔2008〕78號）：「你行向母行轉讓外幣保理資產及企業和母行直接進行保理的申請收悉。經研究，我分局認為，境內機構無追索權地將持有的境外債權轉讓給境外機構，債權到期時由境外進口商向境外受讓人直接償付的行為並不構成境內機構的外債，無須納入外債統計監測。」因此，境內銀行無追索權的將持有的對境外債權轉讓給境外銀行，無須占用境內銀行的外債額度。

根據上海外匯局《關於外匯指定銀行不得擅自辦理跨境業務債權轉讓的通知》（上海匯發[2009] 80號）的規定，對於境內銀行有追索權的將持有的債權轉讓給境外銀行，外匯局有嚴格限制，銀行不得擅自從事相關業務，並且轉讓後還須占用境內銀行的外債額度。

由於境內銀行可無追索權的將持有的對境外債權轉讓給境外銀行，且不占用境內銀行外債額度，因此如境內台商出口貨物給自己的境外關聯方，就可以利用此方式來進行融資。

假設Ａ公司是Ｂ公司的台灣母公司，Ｂ公司在中國大陸製造產

品後外銷給Ａ公司，如Ａ公司資金較為緊張，通常情況下都是Ａ公司在台灣的銀行融資後，再支付給Ｂ公司貨款，但如果Ａ公司無法提供資產擔保，境外融資能力不足，就只能積欠Ｂ公司貨款，造成Ｂ公司資金緊張。

跨境擔保開放後，Ｂ公司可以將境內的不動產直接抵押給台灣的甲銀行，甲銀行與中國大陸境內甲銀行的分行約定，Ｂ公司可將對Ａ公司的應收債權在中國分行進行應收帳款保理，中國分行撥付款項給Ｂ公司後，再將該筆保理資產無追索權的轉讓給甲銀行，Ａ公司在應收帳款到期後，直接支付款項給甲銀行即可。

在該融資模式下，境內Ｂ公司直接提交相關交易憑證給中國分行即可，對Ｂ公司來說手續簡便很多，且由於不動產直接抵押給境外銀行，還省去了境內銀行開立保函給境外銀行的費用；對Ａ公司來說，如果Ｂ公司抵押的不動產在甲銀行獲取的授信額度較大，在Ｂ公司使用不完的情況下，還可以給Ａ公司其他融資需求提供擔保，Ａ公司和Ｂ公司可共用該額度。對甲銀行來說，中國分行可以獲得應收帳款保理的業務收入，而且中國分行無追索權的將債權轉移後，又可從母行獲得債權轉讓資金，不占用中國分行的外債額度。

最後，該融資模式屬於內保外貸，境內Ｂ公司必須在所屬地外匯局辦理相應的內保外貸登記，且內保外貸獲取的資金須符合資金用途及回流等限制規定。

【65】利用融資租賃公司境外融資

外資融資租賃公司可以按照淨資產的10倍再減去風險資產後的餘額借用外債，假設一家新設的外資融資租賃公司註冊資本為1,000萬美元，無風險資產，則該外資融資租賃公司可借用1億美金的外債。由於外資融資租賃公司外債額度較大，因此可以通過其外債額度引入資金，再通過動產售後回租的方式，提供資金給境內需要低成本資金、但無外債額度可使用的企業。

中國大陸《跨境擔保外匯管理辦法》（匯發[2014] 29號）開放了境內企業跨境擔保的對象及境內企業淨資產的要求，使上述融資模式的操作更為簡便。

假設內資企業A公司，產品所需原料在境內採購，產品也只在境內銷售，無境外採購及境外銷售，收支均為人民幣，由於沒有外債額度，在傳統模式下，A公司在需要資金時只能在境內銀行融入資金成本較高的人民幣資金。現在A公司可利用外資融資租賃甲公司的外債額度，融資境外低成本的外幣資金。A公司可將境內不動產或其他資產直接抵押給境外銀行（或抵押給境內銀行，由境內銀行開立融資性保函給境外銀行），擔保融資租賃甲公司在境外銀行借用外債，甲公司在與境外銀行簽定外債合同後的15個工作日內，至外匯局辦理外債登記，甲公司在外債匯入境內並提款後，根據與A公司簽定的動產售後回租合同，申請將外債結匯用於支付A公司動產的收購款項，A公司分期支付動產的租賃款給甲公司，甲公司用於歸還境外銀行的外債。在此模式中，甲公司可以從境外借入資金成本較低的日幣、美元等外幣資金，然後通

過動產售後回租合同申請一次結匯為人民幣給A企業使用，對A企業來說可以以外幣的借款成本獲得人民幣使用，大幅降低融資成本；對甲公司來說，該筆外債的擔保來源於A公司，在A公司無法支付融資租賃的租賃費時，可以讓境外銀行通過執行A公司的擔保資產歸還外債，風險較低。由於甲公司借入的是外幣，收到A公司的融資租賃款為人民幣，為避免匯率風險，甲公司可以與境內銀行簽定遠期的結購匯協議，提前鎖定匯率風險。

上述模式中，A公司跨境擔保境內企業借用外債，屬於29號文中界定的「其他形式的跨境擔保」，A公司（如通過境內銀行開立融資性保函，則為境內銀行）無須至外匯局辦理跨境擔保登記，發生擔保履約時，可直接憑擔保履約證明文件等至銀行匯出履約款。

須注意的是，外資融資租賃公司的外債也區分為短期及中長期外債，從外債合同登記之日起借款期超過1年的，屬於中長期外債，須按照發生額占用外債額度。另外，境內尚未開放不動產的售後回租業務，售後回租業務僅限動產。

境內已經有深圳前海、蘇州工業園區、昆山兩岸合作試驗區、廈門、泉州等地開放了人民幣跨境借款政策，註冊在上述地區的融資租賃公司（內外資均可）可從境外融資人民幣資金，且不占用融資租賃公司原外債額度。例如深圳前海目前對註冊在前海的境內企業從香港的銀行借入人民幣資金並無額度限制，因此註冊在深圳前海的融資租賃公司可利用該政策直接從香港的銀行融資人民幣資金，再通過售後回租的方式將資金融給其他企業。這種方式雖然不占用融資租賃公司外債額度，還可避免匯率風險，但境外融入人民幣資金成本比融入外幣高。

【66】跨境股權抵押融資

跨境股權抵押融資適用於境內企業必須增資擴產，但境外股東暫時無法提供資金支持的情形。

一、融資流程

1. 境外甲公司將持有的境內A公司股權質押給境外銀行。

2. 境外銀行發放貸款給境外甲公司，貸款用途指定用於對境內A公司進行增資，甲公司在完成對A公司的增資後，將增資後持有的對A公司的股權，再抵押給境外銀行。

3. 由於境外貸款是以投資方式匯入A公司，因此A公司只能以「顧問費」或其他名義匯出借款利息給甲公司，甲公司再支付給境外銀行。

4. 甲公司的還款來源為A公司的盈餘匯出，或者是第三方公司（境內、境外均可）承諾在甲公司不能按時履行還本付息義務時購買甲公司持有的A公司股權。

二、跨境擔保的形式

跨境股權抵押融資模式，擔保人、借款人、銀行均在境外，只是擔保資產在境內，因此屬於《跨境擔保外匯管理辦法》（匯發[2014] 29號）規定的「其他形式的跨境擔保」，境內A公司無須至外匯局辦理跨境擔保登記。發生擔保履約時，可直接至銀行申請匯出擔保履約款。

三、股權質押程序

1. 準備抵押、質押設定所需資料（包括借款合同、抵押合同及當事人主體資格證明、委託書等）。

2. 境外銀行主體資格、委託書的公認證。

3. 至中國大陸商務主管部門辦理股權質押審批手續。

4. 至中國大陸工商局辦理股權質押登記手續。

四、支付顧問費程序

支付境外顧問費，屬於服務貿易項下的對外支付，根據中國國家稅務總局和國家外匯局《關於服務貿易等項目對外支付稅務備案有關問題的公告》（2013年40號公告），以及中國國家外管發布的《國家外匯管理局關於印發服務貿易外匯管理法規的通知》（匯發[2013] 30號文）規定，服務貿易項目對外支付若在5萬美元以下，無須外匯局審批，由銀行自行審核並為企業辦理換匯和付匯至境外，同時無須完稅證明，企業只要先在稅務局填好「備案表」，銀行憑「備案表」就可辦理相關付匯手續。

另外，根據中國大陸的稅法規定，須根據顧問費的內容判斷是繳納營業稅還是增值稅，顧問行為是在中國大陸還是境外實施等，來確認是否繳納所得稅，但總體稅負應當會低於或相當於支付境外利息的稅負，因此並不會給企業融資成本帶來較大影響。

五、第三方股權回購承諾

1. 第三方購買承諾，不構成《擔保法》中的「保證」，因此不

屬於「內保外貸」。

2. 第三方購買承諾，只要不存在《合同法》第52條規定的無效情形，可構成有效的承諾，承諾方應全面履行。

3. 若第三方公司違反承諾事項，境外銀行有權通過訴訟、仲裁等手段要求承諾人依承諾行事，但如果該承諾屬於法律上或者事實上不能履行，或者不適於強制履行，則境外銀行只能就承諾人不履行承諾所造成的損失要求損害賠償。

股權質押相對於存款質押、不動產等實體資產抵押借款來說，風險較大，因此銀行可選擇投資金額較大，營收、投資回報穩定的基礎建設、電廠、汙水處理等行業。

【67】利用境內外聯合授信融資

　　境內外聯合授信融資，是指境內企業將不動產同時抵押給境內及境外銀行（一家銀行為第一順位抵押，另一家銀行為第二順位抵押），在境內及境外銀行分別獲取融資額度，境內外公司分別融資供同一用途或不同用途使用的融資模式。相比境內融資、銀行融資性保函、跨境抵押模式，境內外聯合授信具有的優勢分析如下：

一、境內融資模式

　　境內直接融資模式不能滿足企業在境外的資金需求，且境內融資的用途限制較多，例如不能用於理財、投資、轉借等，且一般還須採取「受託支付」方式，而最關鍵的是，境內的借款成本大大高於境外，造成企業融資意願較低。

二、銀行融資性保函模式

　　境內企業將不動產抵押給境內的銀行，由境內銀行開立融資性保函給境外銀行，擔保境外公司或境內企業自身的借款，對境內銀行來說，萬一發生擔保履約，還須變賣處置麻煩、不易變現的不動產才能獲得賠償，因此境內銀行一般都會要求境內企業搭配部分存款質押、要求境內企業主要經營帳戶須開立在本銀行等。《跨境擔保外匯管理規定》（匯發[2014] 29號）對銀行做為擔保人開立融資性保函時，要求銀行要對境內外企業進行盡職

調查，對境外公司的還款能力、資金是否違規調回境內使用等有嚴格要求，如果銀行有未盡事宜，中國大陸外匯局將會對銀行進行處罰，這些都造成境內銀行承做單獨開立融資性保函的意願較低。另一方面，境內銀行開立融資性保函的費用為每年1.5%左右，對融資成本影響較大。

三、跨境抵押模式

單純的跨境抵押模式下，境內企業如須使用資金，必須自身有外債，或者是註冊在深圳前海、廈門、上海自貿區、蘇州工業園區等有跨境人民幣借款政策的地方，才能從境外借入資金使用，且如果使用跨境人民幣借款政策，只能從境外銀行融入人民幣資金。而如果跨境抵押模式下構成29號文規定的「內保外貸」，則未經批准，境外融資資金不能在資本項下回流到境內使用。

四、境內外聯合授信融資

境內外聯合授信融資，則可避免上述各問題，一方面境內外銀行可分別授信，滿足境內外企業不同的資金需求，且境內外銀行均承做了貸款業務，境內銀行承做意願也較高；另一方面通過聯合授信，境內外銀行間不須通過開立融資性保函，降低了融資費用，第三方面境外獲得的資金可以在境外用於收購、理財、轉借等資金用途。為避免風險，境內外銀行可以約定，如境內、境外任一借款方出現在任一借款項下的違約，境內、境外債務可宣布同時到期。

　　另須注意，境內外聯合授信融資模式，如果境內是擔保境外公司在境外銀行融資，則符合29號文規定的「內保外貸」，境內公司須至外匯局辦理內保外貸登記，境外公司取得的資金未經批准不能在資本項下回流，符合條件的貿易項下資金可以回流。

【68】NRA帳戶資金擔保境內融資

《跨境擔保外匯管理規定》（匯發[2014] 29號）發布後，境外公司可利用NRA帳戶中的資金，質押給境內銀行擔保境內企業融資。

NRA帳戶的開戶主體為境外公司，因此NRA帳戶資金質押給境內銀行擔保境內企業貸款，屬29號文規定的「外保內貸」，境內銀行須按期向外匯局進行「外保內貸」申報。

常見的外保內貸模式，一般是境外企業通過境外銀行開立融資性保函給境內銀行，擔保境內企業借款。而NRA帳戶資金質押融資方式，省去了境外銀行開立融資性保函的費用，且境外企業全額資金擔保，對銀行來說業務風險較小。

一、可質押帳戶資金的NRA帳戶

NRA帳戶分為外幣、人民幣，這兩種帳戶的資金均可用於質押給境內銀行，擔保境內企業借款。

外幣NRA帳戶的資金占用境內銀行的短期外債額度，境內銀行的接受度較低。人民幣NRA帳戶的資金根據規定，只能按活期利息計息，因此人民幣NRA帳戶資金質押一般採用保證金質押方式，但福建外匯局也可接受存單方式質押。

二、NRA帳戶資金質押注意事項

1. 境內借款企業可借款額度

根據29號文的規定，如外保內貸發生擔保履約，境內企業

須就未償本金餘額進行外債登記，若未償本金餘額小於企業上年末經審計的淨資產，可直接登記；如超過淨資產，超過的金額須占用企業的短期外債額度；如果短期外債額度也不夠用，須先對企業進行處罰再進行外債登記。雖然根據29號文的規定，出現上述情況時，處罰的只是企業，與境內貸款銀行無關，但如果境內企業因為擔心外匯局處罰，不進行外債登記，這將會影響境內銀行在「外保內貸」項下履約幣種與貸款幣種不一致的結匯或者購匯，銀行須注意由此引起的風險。

2. 人民幣NRA帳戶的資金用途

根據《中國人民銀行關於境外機構人民幣銀行結算帳戶開立和使用有關問題的通知》（銀發[2012] 183號）的規定，人民幣NRA帳戶的收入範圍如下：

（1）跨境貨物貿易、服務貿易、收益及經常轉移等經常項目人民幣結算收入。

（2）政策明確允許或經批准的資本項目人民幣收入。

（3）跨境貿易人民幣融資款項。

（4）帳戶孳生的利息。

（5）從同名或其他境外機構境內人民幣銀行結算帳戶獲得的收入。

（6）中國人民銀行規定的其他收入。

因此，用於質押的人民幣NRA帳戶中資金只能是來源於上述6個項目。

由於香港的離岸人民幣兌美元與中國大陸在岸的人民幣兌美元存在匯率差，通過人民幣NRA帳戶進行套取匯差的行為一直存

在，因此2015年9月，人民銀行發文要求銀行加強人民幣NRA帳戶收支審核，任何人民幣NRA帳戶資金出、入帳，均須對交易真實性進行審核，留存貿易背景資料。特別加強對境外向人民幣NRA帳戶匯入資金的背景真實性審查，嚴控利用境外轉結匯等操作匯入人民幣資金。境內銀行在承做人民幣NRA帳戶資金質押業務時，須按照「展業三原則」，關注相關風險。

【69】境外公司通過轉讓應收帳款跨境融資

《跨境擔保外匯管理規定》（匯發[2014] 29號）取消了境內企業跨境擔保的境外擔保對象在股權關係、境外公司連續3年盈利及境內企業淨資產金額等限制，為境內企業跨境融資創造了很大的便利。

台商中國大陸公司從境外採購貨物，如供應商較為強勢，給的應付款帳期較短，則會對中國大陸公司的資金造成較大的壓力。這種情況下，如果必須融資，一般中國大陸公司會在境內銀行借用外幣或境外借入外債來支付貨款。境內融資成本一般高於境外，但如果中國大陸公司外債額度已全部使用，或本身額度較小，在29號文發布前，中國大陸公司只能選擇在境內融資。現在，中國大陸公司可通過跨境擔保的方式，擔保境外供應商將該筆對中國大陸公司的應收帳款轉讓給境外銀行，以獲得融資。

假設中國大陸A公司從境外供應商B公司採購貨物，由於採購金額較大，且B公司給A公司的帳期較短，A公司無法一次支付貨款，如A公司申請在境內銀行開立信用證，手續費成本也較高。

A公司可選擇將境內不動產或其他可抵押資產，直接抵押給B公司，並要求B公司延長付款期。B公司在境外銀行對A公司的應收帳款進行有追索權的保理，由A公司一併承擔B公司在境外銀行應收帳款保理的相關費用，在帳款到期後，A公司直接支付貨款給境外承接保理業務的銀行。

根據中國大陸的擔保法規定：

1. 如果供應商辦理的是最高額抵押權，也就是採購方對一定

期間內將要連續發生的買賣提供擔保品，則根據中國大陸物權法的規定，必須先辦理最高額抵押權確定登記，當最高額抵押擔保的債權確定後，債權轉讓時，則最高額抵押權一併轉讓。

　　2. 如果供應商辦理的是一般抵押權，也就是採購方僅針對一筆買賣關係提供擔保品，則根據中國大陸物權法的規定，債權轉讓時，擔保該債權的抵押權一併轉讓。

　　因此，B公司在辦理應收帳款保理，對A公司的應收帳款轉讓給境外銀行的同時，把A公司抵押給B公司的抵押權也一併轉讓給了境外銀行，境外銀行在A公司未按期支付貨款時，可以通過執行A公司抵押的資產來保障自己的權益。A公司將資產抵押給B公司，B公司在境外進行應收帳款保理，屬於29號文規定的內保外貸，A公司必須至外匯局辦理相關的內保外貸登記，在A公司違約時，須憑內保外貸登記文件辦理履約款匯出。

　　此模式對B公司來說，具有較強的靈活性，在資金較為充裕的情況下，可不將對A公司的應收帳款進行保理，但仍可要求A公司支付相關的延遲帳期的利息成本；在資金短缺的情況下，B公司則可選擇進行應收帳款保理，而對A公司來說，通過跨境資產抵押，獲得了更長的應付帳款帳期，且可以通過在境外銀行融資取得較低的資金成本。當然，A公司也可選擇將境內資產抵押給境內銀行，由境內銀行開立保函給B公司，但這樣會增加保函的成本。

【70】利用上海自貿區FT帳戶貿易融資

中國大陸境內公司的跨境擔保開放後，境內公司可以利用境內資產擔保境外公司借款。2015年2月12日發布的《中國（上海）自由貿易試驗區分帳核算業務境外融資與跨境資金流動宏觀審慎管理實施細則（試行）》（銀總部發[2015] 8號），允許自貿區企業通過設立FT帳戶從境外融資，對設立在自貿區的企業來說，多了一個融資渠道可以選擇。

台商一般都採取境外公司從客戶接單，然後境外公司下單給中國大陸的工廠生產，生產完成後中國大陸工廠直接交貨給客戶，客戶付款給境外公司，境外公司再付款給中國大陸工廠，這種模式一方面是基於稅的考量，另一方面境外公司有資金流，可以在境外進行貿易融資。但是，境外公司通常都只是一個接單公司，本身無不動產或其他資產可供抵押或者質押，境外融資能力不足，無法給境內生產廠提供充足的資金支持。

在中國大陸跨境擔保開放後，境內生產廠可以把境內的不動產等直接抵押給境外的銀行，為境外公司的貿易融資進行擔保，但由於必須把不動產等抵押給境外銀行，辦理手續較為繁瑣，境內外很多文件均須進行公認證，部分地區還尚未開放此類業務。如台商在上海自貿區設立有公司，就可利用上海自貿區的FT帳戶進行貿易融資，只是融資的主體由境外公司變成上海自貿區公司。

上海自貿區公司或者境內其他企業，將不動產、其他資產抵押給上海境內可進行FT帳戶業務的銀行，境內銀行可通過自身的FTU帳戶（同業機構自由貿易帳戶）從境外銀行融入資金，再

融資給上海自貿區公司的FTE帳戶（境內機構自由貿易帳戶），根據《中國（上海）自由貿易試驗區分帳核算業務實施細則（試行）》（銀總部發[2014] 46號）規定，FTE帳戶資金可在貿易項下匯入境內的經常項目帳戶，並結匯使用。由於不動產或其他境內資產均抵押給境內銀行，且由境內銀行融資，省去了境內外銀行間的保函費用，上海自貿區公司還能按照境外貸款利率獲得貸款。另外，境內銀行通過自身FTU帳戶融資，占用的是境內銀行的FT帳戶融資額度，並不占用自貿區企業的FT帳戶融資額度。如自貿區企業自行利用FT帳戶融資，則須占用自貿區企業自身的融資額度，根據中國銀總部發[2015] 8號文的規定，通過FT帳戶的貿易融資如果是人民幣，則不占用額度，如果是外幣貿易融資，則按融資額的20%占用融資額度。另外，由於自貿區企業將資產抵押給境內銀行，因此並不是《跨境擔保外匯管理規定》（匯發[2014] 29號）所界定的「內保外貸」，境內企業無須辦理「內保外貸登記」。

通過跨境擔保將境內資產直接抵押給境外銀行，擔保境外公司在境外銀行進行貿易融資，擔保人在境內，債權、債務人均在境外，通過FT帳戶來進行貿易融資，其擔保人（自貿區公司或其他境內公司）、債權人（上海境內獲得FT帳戶業務資格的銀行）及債務人（自貿區公司）均在境內，在融資便利性、時效性及融資成本上均有優勢。如果再配合上海自貿區跨境人民幣雙向資金池、人民幣代收代付等政策，自貿區企業的資金規劃會有更大的空間。

【71】境內資產擔保境外公司在境內銀行貿易融資

　　台商在需要資金時，一般都會採取境外資產擔保借款，供境外公司使用，如境內公司需要資金，則以外債方式等進入境內公司。有些台商境外資產擔保能力不足，無法從境外獲得大額資金，但這些台商在境內工廠均有土地、廠房等可供抵押的資產，在《跨境擔保外匯管理規定》（匯發[2014] 29號）發布後，這些工廠的土地、廠房等均可抵押並擔保境外公司進行貿易融資。

　　在常見的內保外貸模式下，境內公司可直接將資產抵押給境外銀行，擔保境外公司借款，但境內部分地區如蘇州、廈門等房地產交易中心尚不能進行不動產的跨境抵押登記，或者境外銀行對境內資產接受度較低，這種情況下，則只能將資產抵押給境內銀行，再由境內銀行開立融資性保函給境外銀行，擔保境外公司借款，但這種模式會產生銀行開立融資性保函的費用，增加融資成本。

　　如境外公司在境內銀行開立了NRA帳戶（人民幣、外幣均可），則可利用NRA帳戶進行融資，根據NRA帳戶的規定，外幣及人民幣NRA帳戶均能用於收取貿易融資款項，或者進行諸如開立貿易項下信用證、押匯等貿易融資類業務。

　　境內企業將境內不動產或其他可用於抵押的資產抵押給境內銀行，境外公司在該銀行開立NRA帳戶，境內銀行給予境外公司授信額度，境外公司便可以在該額度內進行開立信用證、押匯等貿易融資。該模式下，境內銀行對境內資產抵押的接受度較高，抵押的銀行及進行貿易融資的銀行均為同一個，因此不用開立融

資性保函，降低了融資成本。根據29號文的規定，擔保人、放款銀行均註冊在境內，不屬於「內保外貸」，而是屬於「內保內貸」，境內企業無須至外匯局辦理內保外貸登記，擔保履約時也不存在款項匯出境外的問題，因此程序上簡便很多。目前境內對通過NRA帳戶的資金，除產生的利息須按利息收入的10%繳稅外，並無須繳納其他稅款，台商也無須擔心通過NRA帳戶的貿易融資行為會被徵稅。

須注意的是，根據銀行的外債管理規定，外幣的NRA帳戶資金餘額，及銀行開立承兌期至實際付款期超過90天的外幣信用證，均須占用銀行的短期外債額度，人民幣NRA帳戶、人民幣遠期信用證則不會占用銀行的外債額度。對通過NRA帳戶進行貿易融資，銀行仍須按照「展業三原則」進行盡職調查，確認境外公司有真實的貿易行為。

由於境內可從事OUB業務（即境外金融中心）的銀行僅為浦發、交行、招商、平安四家銀行，目前NRA帳戶能否進行非貿易的直接融資，尚無明確規定。如欲進行此類業務，還須與當地外匯局溝通確認是否可行。

上海自貿區內還可通過自由貿易帳戶（FT帳戶）來為境外公司融資，其流程與NRA帳戶一致，只是FT帳戶融資並不限定為貿易融資，可進行直接授信等業務。另外，FT帳戶的資金餘額等，也不占用境內銀行的短期外債額度。

【72】人民幣跨境同業帳戶規定解析

根據規定，境外銀行可以在基於跨境人民幣貿易結算需求下，在境內銀行開立同業往來帳戶。

一、開立同業帳戶的法規依據

《中國人民銀行關於境外機構人民幣銀行結算帳戶開立和使用有關問題的通知》（銀發[2012] 183號）中明確規定，境外機構開立人民幣銀行結算帳戶的特殊情形，諸如：境外中央銀行（貨幣當局）開展貨幣互換、境外銀行提供清算或者結算服務、合格境外機構投資者從事證券投資、境外機構投資銀行間債券市場、俄羅斯金融機構開辦人民幣購售業務，必須開立人民幣銀行結算帳戶的，仍按照《中國人民銀行辦公廳關於有關貨幣當局在境內銀行業金融機構開立人民幣銀行結算帳戶有關事項的通知》（銀辦發[2010] 101號）、《跨境貿易人民幣結算試點管理辦法實施細則》（銀發[2009] 212號）、《人民幣銀行結算帳戶管理辦法》、《中國人民銀行關於境外人民幣清算行等三類機構運用人民幣投資銀行間債券市場試點有關事宜的通知》（銀發[2010] 217號）、《中國人民銀行關於俄羅斯莫斯科銀行間貨幣交易所人民幣對盧布交易人民幣清算有關問題的通知》（銀發[2011] 222號）等規定執行。

二、開戶程序

境外銀行開立境內人民幣結算帳戶，根據《跨境貿易人民幣結算試點管理辦法實施細則》（銀發[2009] 212號）規定，境外參

加銀行開立人民幣同業往來帳戶時，境內代理銀行應當與境外參加銀行簽定代理結算協議，約定雙方的權利義務、帳戶開立的條件、帳戶變更撤銷的處理手續、資訊報送授權等內容。

境內代理銀行在為境外參加銀行開立人民幣同業往來帳戶時，應當要求境外參加銀行提供其在本國或本地區的登記註冊文件或者本國監管部門批准其成立的證明、法定代表人或指定簽字人的有效身分證件等，做為開戶證明文件，並對上述文件的真實性、完整性及合規性進行認真審查。

境內代理銀行為境外參加銀行開立人民幣同業往來帳戶之日起5個工作日內，應當填製「開立人民幣同業往來帳戶備案表」（備案表格式和內容由試點地區中國人民銀行分支機構確定），連同人民幣代理結算協議影本、境外參加銀行的開戶證明文件影本及其他開戶資料，報送中國人民銀行當地分支機構備案。

境外參加銀行的同業往來帳戶只能用於跨境貿易人民幣結算，該類帳戶暫不納入人民幣銀行結算帳戶管理系統，但境內代理銀行應在本行管理系統中對該類帳戶做特殊標記。

三、帳戶收支範圍

《中國人民銀行關於簡化跨境人民幣業務流程和完善有關政策的通知》（銀發[2013] 168號）規定，境內代理銀行對境外參加銀行的人民幣帳戶融資期限延長至1年，帳戶融資比例不得超過該境內代理銀行人民幣各項存款上年末餘額的3%。

境外參加銀行在境內代理銀行開立的人民幣同業往來帳戶，與境外參加銀行在境外人民幣業務清算行開立的人民幣帳戶之

間，因結算需要可進行資金匯劃。各境外人民幣業務清算行在境內開立的人民幣清算帳戶之間，因結算需要可進行資金匯劃。

　　根據上述規定，境外銀行可基於人民幣跨境貿易結算需求，在境內銀行開立同業帳戶，並可以因結算需求進行資金匯劃。

【73】利用應收帳款、銀行承兌匯票境外融資

　　中國大陸境內公司不但可以將不動產抵押給境外銀行擔保境外公司、自身或境內其他公司融資，也可以將境內應收帳款、銀行承兌匯票跨境抵押，取得融資。

　　應收帳款、銀行承兌匯票直接質押給境外銀行，為境外公司擔保取得融資，屬於「內保外貸」，境內企業做為擔保人須至外匯局辦理內保外貸登記，境外公司取得的融資未經外匯局批准，不能在資本項下回流，在符合規定的貿易項下則可回流。內保外貸項下如發生擔保履約，擔保人可憑外匯局出具的「內保外貸登記文件」、履約真實性證明文件等，至銀行匯出履約款。如境內企業是為自身債務、境內其他企業債務提供擔保融資，則屬於「其他形式的跨境擔保」，擔保人無須至外匯局辦理擔保登記。

一、應收帳款

1. 應收帳款質押

可用於質押的應收帳款包括：

（1）銷售產生的債權，包括銷售貨物、供應水／電／氣／熱、智慧財產權的許可使用等。

（2）出租產生的債權，包括出租動產或不動產。

（3）提供服務產生的債權。

（4）公路、橋梁、隧道、渡口等不動產收費權。

（5）提供貸款或其他信用產生的債權。

以應收帳款出質時，當事人應當訂立書面合同。質權自信貸

徵信機構辦理出質登記時設立。應收帳款出質登記應按照《中國人民銀行徵信中心中徵動產融資統一登記平台操作規則》辦理，境外債權人可委託該平台的用戶辦理應收帳款質押登記，在該平台上將境外債權人登記為應收帳款質權人。委託他人辦理登記時，受託人在完成登記後，應將相關登記證明編號、修改碼等資訊告知委託人。

根據上述規定，台灣的銀行如接受境內企業的境內應收帳款質押，可在委託中國大陸境內的分行在登記平台進行登記，並委託境內分行做為應收帳款的託管銀行，要求應收帳款出質人在境內分行開立收款帳戶，專門用於收取已質押的應收帳款款項。

2. 應收帳款保理

應收帳款保理可分為有追索權和無追索權兩種，對於有追索權的應收帳款保理，由於目前外匯管制政策在外債登記的限制，境內企業無法與境外銀行進行此類業務。無追索權的應收帳款保理，除非有其他擔保品，不然對境外銀行來說風險較大。

二、銀行承兌匯票

銀行承兌匯票由於是境內銀行承兌，信用度較高，且銀行承兌匯票無付款條件，見票即付。境內企業需要資金時，會將銀行承兌匯票在境內銀行進行貼現，貼現成本一般較高。由於境外銀行無法直接向境內銀行要求承兌，因此如境內企業將銀行承兌匯票直接質押給台灣的銀行，台灣的銀行須委託境內分行做為銀行承兌匯票的保管人，並要求出質人在境內分行開立帳戶，專門用於存放匯票到期承兌後的款項。

　　利用境內應收帳款、銀行承兌匯票進行境外融資，由於可在境外選擇的融資幣種較多，可降低企業的融資成本。對台灣的銀行來說，境外分行可通過放款獲得收益，境內分行做為應收帳款、銀行承兌匯票的託管行，可以獲得存款收益。

【74】財務報表看不到的中國大陸授信風險（上）

　　中國大陸的資產負債表排列順序，是按資產和負債流動性，從高到低依序排列，公布各項資產和負債期末金額，因此，銀行通過借款人的資產負債表，可以很容易計算出該企業的流動比率、速動比率、資產負債率等，是用來衡量借款人償債能力的財務指標，問題是，中國大陸的企業有許多日常經營行為，特別是不涉及財務、只涉及法律的單獨行為，例如承諾、擔保、保函等各種「表外業務」，根本無法從財務報表中反映出來，於是便形成銀行在大陸風險控管上的死角。

　　以下是銀行在中國大陸授信業務過程中，常見無法從財務報表上看到的授信風險，值得台資銀行特別注意。

一、開立銀行保函

　　企業在中國大陸投標，常須向招標單位支付保證金，或是保稅進口商品時，也常須按照海關要求提存進口稅金保證金，甚至是收款方在交易合同項下，也常被要求須向付款方提供履約保證等，這些情況都會使企業為了不占用自己的現金，改以銀行保函的方式進行替代。銀行在為企業開具各種保函時，視企業信用狀況，有的須存入全額或部分保證金，信用最好的企業則可以不必存入任何保證金，銀行就願意幫忙開保函。

　　保證金存款從企業的一般帳戶存入保證金帳戶或定期存款帳戶，反映在報表上都是貨幣資金，一旦銀行保函履約，則前述保證金將直接被扣劃，企業須承擔最終履約責任，但這些履約風險

單從財務報表無法獲知。

二、擔保

企業為第三人債務提供擔保的方式，常見有保證、抵押和質押，至於可以用於抵押、質押的財產，則包括房屋建築物、在建工程、機器設備、車輛、土地使用權、存貨、存款、債券、倉單或提單、基金份額、股權、註冊商標、專利權、著作權、應收帳款等。這些資產對應在報表上的貨幣資金、應收帳款、存貨、固定資產、在建工程、無形資產、長短期投資等，從財務報表來看，這些資產不論有無設定抵押或質押，都是資產負債表中科目的組成部分，因為沒有區別，所以也無法看出風險。

三、查封、扣押、凍結

企業資產還可能被中國大陸法院依法查封、扣押、凍結，或是面臨被法院強制執行的可能，和擔保一樣，在資產所有權變更前，這些資產都顯示在資產負債表上，但實際情況是這些資產的安全性已受到影響，只是報表無法反映罷了。

對於企業這些「表外業務」，中國大陸企業會計準則規定，如果企業認為「很可能」要履行擔保或保證義務，或是有可能要向債權人付款，那麼企業就必須估計支付金額，按估計的金額計入會計報表的預計負債科目。所謂「很可能」，就是可能性超過50%但小於或等於95%的情況，就列入「很可能」的定義範圍內，至於超過95%的情況，就是確定的負債，必須要記入資產負債表的其他應付款科目，這也是為什麼「擔保」通常不會直接反映到資

產負債表上的原因，事實上，即便保證或擔保義務計入資產負債表，也不影響相應已設定抵押的資產的會計處理和報表公布事項。

【75】財務報表看不到的中國大陸授信風險（下）

財務報表中的中國大陸授信風險，除包含為他人債務提供擔保，或是可能發生的查封、扣押、凍結等情形外，對台資銀行來說，更須關注的是，有沒有哪些狀況可能損害企業自身償債的能力。

因此，除了借款人的財務報表外，銀行在中國大陸授信還應該從以下幾個方面去了解並確認借款人的資產是否完整。

一、確認土地使用權、在建工程及房屋等不動產是否已被設定抵押

在房產和土地使用權的登記機關已合而為一的地方，只要到房地產所在區域的房地產交易中心查詢即可，至於某些區域房屋和土地使用權的登記機關仍未合而為一，就必須針對房屋和土地使用權的抵押狀況，分別至當地房屋管理部門與土地管理部門各自查詢。

查詢所須具備的申請資料，各地官方要求差異頗大，例如在上海市，查詢房地產抵押狀況，只須提供查詢人身分證明即可，但在蘇州，僅憑查詢人身分證明仍不得查詢他人的房地產狀況。

二、確認存貨、生產設備、交通工具等動產是否已被設定抵押

銀行一般都知道要確認上述不動產是否被設定抵押，但對動產的資產情況卻經常忽略，以存貨和生產設備為例，這兩項動產的抵押登記機關皆為抵押人住所地的工商行政管理部門（工商

局），至於交通工具的抵押登記機關，則為交通工具登記管理部
門（車管所）。

要查詢他人存貨、生產設備、交通工具的抵押登記資訊時，
和查詢房地產抵押登記資訊存在相同的問題，各地工商局或車管
所要求提交的申請資料也都不同，在進行查詢前應先了解清楚，
或是請企業本身協助調閱資料。

三、存款質押

企業的存款是否已被辦理質押，按目前規定只有存款人本身
才可以查詢，當然法院、稅務局、海關等官方部門若是依職權進
行查詢，則不在此限，除此之外的第三方根本無法進行查詢，所
以銀行也必須要求企業本身自行查詢後將結果提供給銀行。

四、股權質押

股權是否被質押，也是銀行放款前必須關心的重點，股權是
否被質押，和存貨、生產設備相同，都屬於工商行政管理部門管
轄，如果不是要確認借款人的股權，而是要了解借款人名下所持
有的股票是否被質押，則須由證券持有人（自然人或法人）憑身
分證明和證券帳戶卡正本，向證券登記結算機構申請查詢。

五、商標、專利權等質押

商標專用權、專利權、著作權等智慧財產權中的財產權出質
查詢，任何人均可自行登入中國大陸商標網、知識產權局的專利
查詢系統以及中國國家版權局官方網站，查詢是否被質押。

六、應收帳款出質

　　對於以應收帳款出質的情況，和上述知識產權相同，任何人均可註冊為中國人民銀行徵信中心應收帳款質押登記公示系統的使用者後，憑出質單位的法定註冊名稱或出質個人的身分證號碼，進行網上查詢。

| 第六篇 |

銀行財稅

【76】表外業務的監管及對財報的影響

《商業銀行表外業務風險管理指引》（銀監發[2011] 31號）所定義的表外業務是：按現行會計準則不計入資產負債表內，不形成現實資產負債，但有可能引起損益變動的業務，比如擔保（保函）、備用信用證、跟單信用證、承兌、貸款承諾等。但是，現行監管規定要求對表外風險資產計提減值準備，因此表外資產也會間接影響資產負債表，而且表外資產涉及到銀行年度財報上的許多公布項目。所以表外業務對銀行財報公布存在重大影響，甚至可以說是通過各種監管指標，將表外資產按一定的權重轉換為表內項目。

一、計提減值準備

按照中國大陸《商業銀行併表管理與監管指引》（銀監發[2014] 54號）規定，從2015年7月1日起，對於銀行實際承擔風險和損失的表外業務，應當根據資金最終用途和業務實質，計提減值準備。

《貸款風險分類指引》（銀監發[2007] 54號）第18條規定，直接信用替代項目的表外項目，也要參照貸款風險分類的標準和要求，做五級分類管理。不過，在上報銀監會的報表中並沒有表外項目五級分類的填報要求，年報中也沒有要求公布。計提表外項目減值準備時可做參考。

現行會計準則中，資產減值準備都是相應資產科目的備抵項目，並不在資產負債表上單獨列示。而表外風險資產在資產負債

表上並無對應的資產項目，其減值準備只能計入貸款損失準備。另外，按照貸款損失準備稅前扣除的規定，表外資產計提的損失準備，不在稅前扣除的範圍中，不得稅前扣除，而符合要求的實際貸款或墊款對應的損失準備，可在稅前扣除 1%。

二、撥備覆蓋率和貸款撥備率

中國大陸銀監會要求銀行在 2018 年年底前，「撥備覆蓋率」（貸款損失準備占不良貸款的比例）和「貸款撥備率」（貸款損失準備占貸款的比例）兩個指標，要達到撥備覆蓋率不低於 150%，貸款撥備率不低於 2.5%。如果表外風險資產計提的資產減值準備計入貸款損失準備，將會影響到撥備覆蓋率和貸款撥備率兩個指標的計算，這兩個指標中的貸款都是指計入資產負債表的貸款和墊款，而貸款損失準備餘額覆蓋範圍涵蓋表內和表外資產，會虛增這兩項指標。

三、各級資本充足率和槓桿率

資本充足率計算公式的分母為「風險加權資產」，包括表內和表外風險資產，權重法下對於各項表外項目，銀監會制訂了明確的信用轉換係數。外國銀行分行雖然沒有資本充足率的監管要求，但必須保證營運資金加準備金等項之和中，人民幣份額與其人民幣風險資產的比例不低於 8%，與資本充足率的監管指標類似，其中人民幣風險資產參照權重法下風險資產的計算。

商業銀行還須在年報中公布槓桿率。槓桿率與一級資本充足率的計算公式很接近，其分母為「調整後的表內外資產餘額」，其

中表外資產的計算,基本參照資本充足率中規定的信用風險權重法信用轉換係數,只是特別規定表外項目中可隨時無條件撤銷的貸款承諾信用轉換係數為10%。

四、流動性風險管理指標

商業銀行每年4月底之前必須向中國大陸銀監會報送上一年度的流動性風險管理報告,其中兩個重要監管指標「流動性覆蓋率」(應不低於100%)和「流動性比例」(應不低於25%)的計算,都必須考慮表外業務現金對流入的影響和現金流出需求。

【77】從中國大陸匯出資金就源扣繳稅費分析（上）

從中國大陸向境外付款，根據資金用途不同，必須代扣代的繳營業稅（稅率5%）、增值稅（稅率6%）、附加稅費和所得稅（包括企業所得稅和個人所得稅），會有所不同。

一、償還外債利息、支付與借款相關的費用

企業償還外債本金，無須代扣代繳任何稅費，但支付利息及相關費用則不然。

1. 境內機構向中國大陸銀行在境外設立的分行支付利息

根據中國國家稅務總局2015年47號公告規定，境內金融機構向中國大陸銀行在境外設立的分行支付利息，不須代扣代繳營業稅及所得稅。境內非金融企業向中國大陸銀行的境外分行支付利息，必須代扣代繳營業稅，但同樣無須代扣代繳所得稅。

2. 境內機構除以上情況外向境外支付利息

除以上情況外，境內機構向境外支付利息時，都必須代扣代繳營業稅和10%所得稅（境外為個人時，則代扣代繳個人所得稅20%）。財稅字[1995] 79號和財稅字[2000] 191號文件中規定，金融機構間相互占用資金而收取的利息暫不徵收營業稅，境外金融機構是否包含在內並不明確。

國稅發[1991] 155號關於印花稅的文件中，提到金融機構是指「由中國人民銀行批准設立，領取金融業務許可證書的單位」，實務中稅務機關一般按照這一原則判斷是否免徵利息收入營業稅，由於境外金融機構並沒有取得中國大陸的金融業務許可證書，所

以境內金融機構向境外金融機構支付利息，不屬於免稅範圍，必須代扣代繳營業稅和所得稅。

3. 支付與借款相關的費用

除支付利息外，還會產生一些與貸款相關的費用，例如銀團貸款的安排費、承諾費、代理費等，以及貸款的違約金、罰息、賠償金等，都屬於價外費用，必須代扣代繳營業稅和所得稅。

二、投資款、股權轉讓款匯出及向境外支付股息、紅利

1. 境內機構向境外投資，匯出投資款，無須繳納稅費。

2. 因減資收回投資，境內企業向境外股東匯出減資款項時，無須扣繳任何稅款。

3. 因清算收回投資，向境外股東匯出清算資金時，必須區別原始投資成本和清算所得，對有清算收益的，若境外投資者為企業，則須扣繳10%的企業所得稅；若境外投資者為個人，個人所得稅稅率為20%。

4. 因股權轉讓收回投資，境內企業向境外股權出讓方匯出的款項，必須區別原始投資成本和股權轉讓所得，其中股權轉讓所得包括匯率變動損益等。股權轉讓所得扣除股權投資成本後的淨所得，必須代扣代繳所得稅，個人所得稅稅率為20%，企業所得稅率為10%。

5. 向境外支付股息紅利。境外個人通過二級市場持有的中國大陸上市公司股票，分配的股息紅利，根據股票持有時間不同而有所不同，持股時間超過1年的，免徵個人所得稅；持股時間超過1個月至1年的，徵10%個人所得稅；持股時間不超過1個月的，

徵20%個人所得稅。上市公司或個人開戶的證券公司，根據以上規定代扣代繳個人所得稅。

非上市公司分配股利給境外股東，如果境外股東是個人，暫免徵收個人所得稅，如果境外股東是企業，代扣代繳10%企業所得稅，但如果境外股東註冊地所屬國家或地區與中國大陸簽有稅收協定，則按稅收協定處理。

如果是境外企業在中國大陸的分支機構，比如分公司或代表處，其利潤匯回給境外總機構時，則無須代扣代繳稅費。

【78】從中國大陸匯出資金就源扣繳稅費分析（下）

一、支付貨款

　　企業向境外支付貨款，無須代扣代繳任何稅費。企業請銀行為其辦理支付貨款手續時，必須向銀行提供充分的資料證明其交易的真實性，例如進口合同、發票、進口貨物報關單等商業單據。

二、向境外支付權利金

　　向境外支付商標使用費、專利費、軟體使用費或軟體維護費等權利金性質的費用，必須代扣代繳增值稅和所得稅，其中個人所得稅稅率20%，企業所得稅稅率10%，如境外收款方註冊地與中國大陸簽有稅收協定，則按稅收協定稅率扣繳。

　　境外機構或個人將其擁有的無形資產（專有技術、商標、專利、軟體所有權）轉讓給中國大陸機構或個人，須在中國大陸繳納增值稅和所得稅，但經過省級科技部門認定的技術轉讓、技術開發以及與之相關的技術諮詢、技術服務等，可免徵增值稅，所以這部分技術轉讓費匯出境外時無須代扣代繳增值稅。

三、向境外支付佣金

　　境內機構向境外個人或企業支付銷售佣金，一般是因為境外收款人在境外為境內機構提供服務，境外個人或機構不須進入中國大陸，所以匯出佣金時不須代扣代繳所得稅。營業稅條例中規定，接受勞務的單位若在中國大陸，必須在中國大陸繳納營業

稅，所以中國大陸機構匯出佣金時必須代扣代繳營業稅。

四、向境外支付房產轉讓所得資金

　　境外個人將持有的中國大陸房產變現時，必須繳納的營業稅、個人所得稅在房產交易過程中已經繳納，資金匯出時不須再繳納稅費。

　　境內企業轉讓房產所得，須與企業當年利潤合併繳納企業所得稅，並合併在企業淨利潤一起分配，因此在匯出時，須按10%的稅率繳納利潤分配所得稅，但如果境外母公司註冊地與中國大陸簽有稅收協定，可按稅收協定稅率繳納。

五、向境外匯出工資薪金

　　外籍個人在中國大陸工作取得的工資薪金收入，如符合在中國大陸繳納個人所得稅條件，一般都是雇主在支付時代扣代繳，外籍個人再將其取得的稅後工資薪金匯出時，只要提供完稅證明，不須再次扣繳任何稅費。

六、向境外支付其他費用

　　1. 所得稅的部分

　　除了以上常見向境外支出的費用，境內機構還可能存在各種各樣需要向境外支付的費用，例如境外機構為境內企業提供的市場調研、員工培訓服務、集團公司管理費、廣告費、設計費等。這些費用是否必須代扣代繳所得稅，要看境外機構或個人在哪裡提供服務，如果完全是在境外提供服務，其收入來源不屬於中國

大陸，則無須在中國大陸繳納所得稅；如果境外機構或個人必須
到中國大陸境內來提供服務，則屬於來源於中國大陸的收入，必
須代其扣繳所得稅。

2.營業稅或增值稅的部分

是否必須代扣代繳營業稅或增值稅，則要看境內接受服務
的單位是在境內接受服務還是在境外接受服務，如果是完全在境
外接受服務，則無須在中國大陸繳納營業稅（生活服務範圍等指
定行業無須在境內繳納，非指定行業則只要接受服務的單位在境
內，就須在境內繳納營業稅）或增值稅。

3.舉例

例如，中國大陸公司委託境外培訓機構做員工培訓，如果
境內機構的員工直接去境外接受培訓，境外機構完全沒有進入中
國，就屬於境內機構完全在境外消費的服務，則境外培訓機構在
中國無須繳納增值稅和所得稅；如果界定為要交營業稅的，則還
是必須繳納營業稅。如果境內機構的員工在中國通過網路接受境
外機構的培訓服務，境外機構完全沒有進入中國，則境外培訓機
構必須在中國大陸繳納增值稅或營業稅，但不須繳納所得稅。如
果境外機構派員工到中國境內完成培訓服務，則必須在中國繳納
增值稅或營業稅，以及所得稅。至於培訓費到底是繳納營業稅還
是增值稅，則必須根據合同由稅務機關界定，不可一概而論。

【79】記帳本位幣變更的會計處理

中國大陸《會計法》規定，會計核算以人民幣為記帳本位幣，若業務收支以外幣為主，可以選擇外幣為記帳本位幣。許多外資銀行在中國大陸開展業務的初期，以外匯業務為主，所以大多選擇美元為記帳本位幣。隨著人民幣業務的逐步開放，外資銀行的人民幣業務越來越多，有些銀行的主要收支幣種已經從外幣轉為人民幣，所以面臨記帳本位幣的變更。

記帳本位幣是一個會計問題，稅務、外匯、銀監及人行對此並無特別規定，所以銀行變更記帳本位幣，主要必須遵循會計方面的規定。

《企業會計準則第19號—外幣折算》中，有關於記帳本位幣的選擇和變更的規定。企業採用什麼樣的記帳本位幣，不是企業的主觀選擇，而是要根據經營所處的主要經濟環境而定，準則中也提供了一些判斷原則。所以記帳本位幣的選擇屬於一項會計估計，是企業對其經營環境的估計，記帳本位幣的變更按會計估計變更處理，採用未來適用法，也就是說變更日之前的帳務和財報不須更新重述。

會計準則中，對於記帳本位幣變更的會計處理規定非常簡單：採用變更當日的即期匯率，將所有項目折算為變更後的記帳本位幣。這樣處理，所有項目採用相同的匯率，折算後不會產生折算差額，反映到報表上不會影響「會計報表折算差額」這個項目。但是，在實際操作中，還是有些疑問必須釐清。

1. 對比期報表不須相應調整嗎？

　　未來適用法的意思就是，會計估計的變更不影響前期帳務處理和報表編制，所以對比期的會計報表還是採用變更前的記帳本位幣，並按相應的報表折算規則轉換成人民幣報表對外報送。

　　2. 固定資產、長期投資等項目，不須按歷史匯率折算嗎？

　　以長期投資為例，假設2014年6月10日長期投資100萬人民幣，當時記帳本位幣為美元，即期匯率6.1451，該筆長期投資折合美元16.27萬元。假設公司從2015年1月1日記帳本位幣變更為人民幣，則長期投資應按帳面金額16.27萬美元和2015年1月1日的匯率6.1248，折算成變更後記帳本位幣下的記帳金額人民幣99.65萬元。這筆長期投資的帳面金額99.65萬元人民幣與實際初始投資金額100萬元差異0.35萬元，差異的原因是原來公司經營環境為美元，現在經營環境是人民幣，同一項資產在不同環境下的價值評價有所不同。

　　3. 權益科目也按轉換日的即期匯率折算嗎？

　　根據準則，所有的權益項目也都是按照轉換日的即期匯率折算，但是有兩項例外必須注意。

　　如果初始註冊資本為人民幣，記帳本位幣為美元，現在記帳本位幣變更為人民幣，建議實收資本科目還是按照初始收到的人民幣金額做為變更後的記帳金額，這樣就與註冊資本保持一致。註冊資本金額與轉換當日按即期匯率折算出的人民幣金額的差異，就只能計入資本公積。

　　未分配利潤項目如果也是按照即期匯率折算，而期初對比報表並未重述，必然將導致期初未分配利潤與本期折算後的未分配利潤不銜接。為保持人民幣報表的銜接性，建議未分配利潤按照

歷史匯率折算金額結轉下來，該結轉金額與按即期匯率折算的人民幣金額之間的差異，建議計入其他綜合收益。

例如，2013年新設立的公司，當年實現淨利潤50萬美元，當年折算306.50萬元人民幣（近似匯率6.1300），2014年實現淨利潤46.27萬美元，當年折算282.62萬元人民幣（近似匯率6.1080），則2014年年末未分配利潤合計96.27萬美元（= 50 + 46.27），折合人民幣報表未分配利潤金額為589.12萬元（= 306.50 + 282.62）。如果在2015年1月1日記帳本位幣變更為人民幣，則96.27萬美元未分配利潤折合人民幣589.63萬元（= 96.27×6.1248），與2014年12月31日人民幣報表金額差異0.51萬元（= 589.63 – 589.12），未分配利潤項目不銜接。為保持人民幣報表的延續性，建議記帳本位幣變更後，未分配利潤科目金額取589.12萬元，差額0.51萬元計入資產負債表權益項目下的其他綜合收益。

【80】營運資金的印花稅

按照中國大陸印花稅暫行條例（以下簡稱「暫行條例」）的規定，記載資金的帳簿要按記載金額的萬分之五繳納印花稅。後由於會計準則的變更，中國國家稅務總局於1994年明確規定企業要按「實收資本」和「資本公積」兩個科目的合計金額，計算並繳納印花稅。雖然隨著2006年企業會計準則的實施，「資本公積」科目的核算內容已經發生變化，但印花稅的有關規定並未修改，印花稅的計算維持不變。外國銀行中國大陸分行帳面不設「實收資本」和「資本公積」，只設「營運資金」。因此國稅總局於2002年發文規定，外國銀行中國大陸分行應該按境外總行撥付的「營運資金」帳面金額計稅貼花。「實收資本」和「資本公積」的合計數以及「營運資金」，以下都簡稱「資本金」。

資本金的印花稅在初次開立帳簿按記載金額繳納印花稅後，以後年度只須就資本金增加的部分繳納印花稅。印花稅的計算很簡單，但有幾個問題還是必須釐清。

一、納稅時間

實施細則規定，資本金的印花稅應該在「帳簿啟用」時繳納。對於新成立的外資分行，會計法中雖然沒有明訂從哪一天必須開立帳簿，但稅收徵管法第19條要求納稅人要基於會計核算申報納稅。按現在有關稅務登記的規定分析，最晚取得營業執照後30日須得開立帳簿，屆時就負有繳納營運資金印花稅的義務。實務操作中，有的地方要求企業在負有納稅義務之時去稅局單獨繳

納印花稅，也有的地方要求企業按月申報印花稅。

　　實收資本、資本公積或營運資金增加，可能不是一次到帳，在一個年度內可能會分期到帳，資本金的印花稅納稅時點是資金到公司銀行帳戶之日、外匯局業務登記之日、驗資報告簽發之日還是次年新帳套啟用之日？資本金若增加，其「帳簿啟用」日期一般是指下一年度開始啟用新帳套之日，所以是在次年啟用新帳簿時，就新帳簿中資本金較上年初資本金增加額，繳納印花稅。如果一個年度當中，資本金有增又有減，年度終了時看其資本金是淨增加還是淨減少，如果是淨增加，次年啟用新帳時就增加部分貼花，如果是淨減少，則無須貼花。

二、匯率

　　境外總行撥付的營運資金一般都是外匯資金，而繳納印花稅必須按人民幣金額計算，所以必須將撥付的外匯資金換算為人民幣。印花稅暫行條例實施細則（以下簡稱「實施細則」）第19條規定，折算匯率應該選取「憑證書立當日」的外匯局匯率。按照這個規定，應該是啟用帳簿當日的匯率。

三、有關納稅時點和匯率的實務經驗

　　實務中有關納稅時點和匯率，並沒有嚴格按照以上分析執行，一般註冊資金到帳，在當年年底前，更多是在收到資金次月，繳納印花稅；匯率則更多選擇到帳日匯率，因為大多公司以人民幣為記帳本位幣，按資金到帳日匯率記帳，按帳面記錄金額繳納印花稅。

四、支行營運資金

外國銀行分行設立支行，向其撥付營運資金，這部分營運資金在分行已繳納過印花稅，撥付到支行無須重複貼花。

五、印花稅遲交或漏交的法律責任

印花稅遲交或漏交，須按稅收徵管法的規定處理。實務中，一般是按日加收萬分之五滯納金。

六、印花稅的帳務處理

銀行財報利潤表上有「營業稅金及附加」科目，記錄銀行與經營有關的稅金成本，但印花稅並不計入這個科目，而是計入「業務及管理費」科目。類似的稅金支出還有房產稅、土地使用稅和車船使用稅，會計處理與印花稅一致。

【81】政府補助的會計和稅務處理

政府補助是指企業直接從政府無償取得的資產，比如企業取得政府無償撥付的資金、土地使用權、政府稅收返還等。如果沒有資產實際流轉，則不屬於政府補助，比如政府直接減免的稅款。

一、會計處理

從會計角度看，政府補助可分為兩種，也就是與資產相關的政府補助和與收益相關的政府補助。與資產相關的政府補助，是指取得的補助指定用於構建固定資產、無形資產或其他長期資產，或者直接從政府取得上述資產。與資產相關的政府補助以外的政府補助，都屬於與收益相關的補助。

不同政府補助的會計處理不同。與收益相關的政府補助，按實際收到的金額計入「營業外收入」科目。與資產相關的政府補助，最終還是與收益相關，但會計處理分三步走：

1.實際取得政府撥付時，按實際取得的金額計入資產科目（如銀行存款）和「遞延收益」。

2.企業構建資產時，會計處理與一般資產採購並無區別，構建完成後計入「固定資產」或「無形資產」科目。

3.相關固定資產、無形資產開始折舊攤銷時，遞延收益同期開始攤銷，攤銷金額計入「營業外收入」。遞延收益攤銷期限，與資產的折舊、攤銷期限一致；如果相關資產提前處置或報廢，則剩餘尚未攤銷的遞延收益必須一次性計入「營業外收入」。

二、稅務處理

從稅務的角度看，政府補助可分為徵稅收入和不徵稅收入。中國大陸《企業所得稅法》中規定，「財政撥款」為不徵稅收入，《企業所得稅法實施條例》則進一步解釋，財政撥款是指各級政府對納入預算管理的事業單位、社會團體等組織撥付的財政資金。可見企業取得的財政補助不屬於企業所得稅法中所說的財政撥款，但企業取得的政府補助也有免稅的規定。《關於專項用途財政性資金企業所得稅處理問題的通知》（財稅[2011] 70號）規定，同時符合以下三個條件的政府補助為不徵稅收入：

1.企業能夠提供規定資金專項用途的資金撥付文件。

2.財政部門或其他撥付資金的政府部門，對該項資金有專門的資金管理辦法或具體管理要求。

3.企業對該資金以及該資金發生的支出單獨進行核算。

必須注意的是，以上不徵稅收入資金支出形成的費用，資產的折舊或攤銷費用，也不能在所得稅前列支；如果以上不徵稅收入在60個月內未發生支出，也沒有交回財政部門或其他撥付補助的部門，剩餘部分必須計入第6年企業收入，徵收企業所得稅。

除以上不徵稅政府補助，企業取得的其他政府補助，包括與資產相關的政府補助，都必須在取得的當年併入當期所得，繳納企業所得稅。如果是與資產相關的政府補助，在以後期間攤銷計入「營業外收入」，計算企業所得稅時可將這部分已繳納過所得稅的遞延收益做調減處理。繳納過所得稅的政府補助，支出形成費用或相關資產攤銷折舊費用，允許在所得稅前列支。

　　分析以上不徵稅收入和徵稅收入，收入徵稅、費用抵扣，收入不徵稅、費用不抵扣，其最終對企業所得稅的影響是一樣的，如果從取得補助到費用支出或資產全部攤銷完畢做為一個會計期間，收入徵稅和不徵稅情況，對這個會計期間應納稅所得額的貢獻都是零，只不過收入徵稅的情況下，企業必須先繳納企業所得稅，以後再通過費用抵扣的方式得到所得稅補償。

【82】利息支出所得稅前扣除額度的有關規定

中國大陸《企業所得稅法》規定，企業從其關聯方接受的債權性投資與權益性投資的比例，超過規定標準而發生的利息支出，不得在計算應納稅所得額時扣除，也就是移轉定價中的「資本弱化」。後續中國國家稅務總局又下發了多個配套文件，就此做出解釋。

一、債權性投資概念

《企業所得稅法實施條例》中，解釋「債權性投資」是指企業直接或間接從關聯方獲得，必須償還本金和支付利息或其他具有支付利息性質的方式予以補償的融資。例如：企業直接向關聯方借入資金，或間接通過無關的第三方向關聯方借入資金（如委託貸款），或企業向無關的第三方借款、但由關聯方提供擔保並負有連帶責任。借款的方式不僅僅是直接借入資金，也包括融資租賃、補償貿易等。

二、「規定標準」是什麼？

財稅[2008] 121號文件對「標準」做出了規定：金融企業5:1，其他企業2:1。也就是說，金融企業向關聯方借入資金超過權益投資的5倍，超出部分的利息支出不得稅前扣除，也不得結轉以後年度扣除。如果金融企業兼營非金融業務，向關聯方支付的利息必須按合理的方法分開計算，否則債資比例只能按2:1的標準計算。

三、超出利息的計算

國稅發[2009] 2號文中，對以上債資比例和超出利息的計算做出了規定：

不得扣除的利息支出

＝年度實際支付的全部關聯方利息×（1－關聯債資比例）

關聯債資比例

＝年度各月平均關聯債權投資之和÷年度各月平均權益投資之和

其中，「各月平均」取月初、月末兩個數字的平均值，「權益投資」取「所有者權益」、「實收資本與資本公積之和」、「實收資本」三者中的最大值。

四、超出利息處理

按以上公式計算出來的不得扣除的利息，也並非都不能扣除，還須進一步分析。以上不得扣除的利息，按照實際向各關聯方支付的利息金額占總金額的比例，在各關聯方之間分配，其中支付給稅負較高的境內關聯方的利息，允許扣除；分配給境外關聯方的，視同分配的股利，必須按股利適用的稅率補足所得稅，如果已繳納的所得稅高於股利的所得稅，多繳納的部分不予退回。例如原來按利息代扣代繳了7%所得稅，現在按股息必須代扣代繳5%所得稅，多交的2%不予退回。

五、超出利息如何申請稅前扣除

財稅[2008] 121號文中同時提到，即便債資比超過規定，符合

條件的，也可以稅前扣除，條件就是能夠證明相關交易符合獨立
交易原則。國稅發[2009] 2號文中明訂企業必須準備並保存同期資
料，同期資料除包括組織結構、生產經營情況、關聯交易情況、
可比性分析、轉讓定價方法的選擇和使用等常規內容，還須著重
準備以下資料，以證明關聯債權投資金額、利率、期限、融資條
件以及債資比例均符合獨立交易原則：

　　1.企業償債能力和舉債能力分析。

　　2.企業集團舉債能力及融資結構情況分析。

　　3.企業註冊資本等權益投資的變動情況說明。

　　5.關聯債權投資的貨幣種類、金額、利率、期限及融資條
　　　件。

　　6.企業提供的抵押品情況及條件。

　　7.擔保人狀況及擔保條件。

　　8.同類同期貸款的利率情況及融資條件。

　　9.可轉換公司債券的轉換條件。

　　10.其他能夠證明符合獨立交易原則的資料。

　　企業應該在每年的5月31日之前按以上規定準備同期資料，
在中國國家稅務總局要求之日起20日內提交以上資料，否則超出
的利息支出不得稅前扣除。從關聯交易發生次年6月1日起，以上
同期資料須保存最少10年。

　　外資銀行向境外關聯方借入的外債很容易突破5:1的債資比限
制，所以銀行在與境外關聯方簽定借款合同時，須關注資本弱化
的問題，年度終了須及時準備同期資料，以證明交易的獨立性。

【83】中國大陸審計報告的類型和效力問題

　　中國大陸企業編制的財務報告，遵循的是《企業會計準則》，或《企業會計制度》，極少數小型企業執行《小企業會計準則》；而中國大陸會計師執行審計業務，遵循的是《中國註冊會計師執業準則》，與《國際審計準則》相比，基本體系一致，具體細節方面還是存在差異，但並不影響審計報告讀者的判斷。審計報告中，對於企業財報遵循的會計原則和會計師遵循的審計原則，都有明確表述。

一、兩大類四種意見類型

　　中國大陸會計師簽發的審計報告意見類型，主要分為兩大類四種意見類型。1501號準則中規定，如果財務報表在所有重大方面按照適用的財務報告編制基礎編制並實現反映，會計師應發表無保留意見，否則應發表非無保留意見。1502號準則中規定，非無保留意見有三種：保留意見、否定意見和無法表示意見。1503號準則規範了「帶強調事項段」的審計報告，強調事項段列在審計意見之後；準則明確規定，強調事項段並不影響發表的審計意見。綜合以上三項審計準則，審計意見類型共四種：無保留意見、保留意見、否定意見和無法表示意見。

二、格式與措辭

　　在審計意見的表達上，審計準則對其格式和內容都有嚴格規範。無保留意見在審計意見段落應當使用「財務報表在所有重大

方面按照[適用的財務報告編制基礎（如企業會計準則等）]編制，公允反映了……」的措辭。

　　非無保留意見的審計報告，在報告格式和措辭上有明顯標識。首先，發表非無保留意見時，在意見段之前，應增加一個段落，說明發表非無保留意見的事項，該段落應該被冠以恰當的標題，例如：「導致保留意見的事項」、「導致否定意見的事項」或「導致無法表示意見的事項」。其次，發表非無保留意見時，意見段也應使用恰當的標題，例如：「保留意見」、「否定意見」或「無法表示意見」。最後，表達審計意見有統一的措辭，保留意見的措辭為：「除了導致保留意見的事項段所述事項產生的影響外，財務報表在所有重大方面按照適用的財務報告編制基礎編制，並實現公允反映」，或「除……可能產生的影響外」；否定意見的措辭為：「由於導致否定意見的事項段所述事項的重要性，財務報表沒有在所有重大方面按照適用的財務報告框架編制」；無法表示意見的措辭為：「由於導致無法表示意見的事項段所述事項的重要性，註冊會計師無法獲取充分、適當的審計證據以為發表審計意見提供基礎，因此，註冊會計師不對這些財務報表發表審計意見」。

　　通過以上標識性的標題和措辭，審計報告讀者可以很容易判斷會計師的審計意見類型。

三、審計報告的管理各地有差異

　　審計報告的管理上，各地註冊會計師協會（以下簡稱註協）存在差異，上海地區會計師事務所出具的審計報告沒有任何防偽標識，北京地區會計師事務所出具的審計報告封面有防偽標籤，

更多地方註協要求會計師出具的審計報告使用條形碼防偽，比如河南、廣東、江蘇、福建等，好讓審計報告在當地註協的網站上可以查詢到。審計報告上有防偽條碼，便可以到所屬省份的註協網站上查詢審計報告的真偽。

　　註冊會計師是否有簽字權，通過公開渠道比較難查詢。非上市公司，其簽字會計師受財政部門和註協的監管，兩個部門都會有一些懲處措施，財政部門對註冊會計師的懲罰措施包括警告、暫停執業和吊銷註冊會計師證書；註協的懲罰措施一般為通報批評，並不影響註冊會計師執業及審計報告的簽字權。各地財政部門對註冊會計師和會計師事務所的懲戒措施，在中註協網站上通過會計師姓名、事務所名稱可以查詢，但中註協網站上的資訊更新並不及時，不能保證查詢到所有的懲戒紀錄。變通的辦法是去會計師所屬省份的註協網站和財政網站上，查詢最近一年的會計師事務所執業品質檢查公告。

【84】台籍個人中國大陸居住滿年限 與個人所得稅納稅義務的關係

　　根據中國大陸個人所得稅法規定，個人所得稅按屬人兼屬地原則，個人所得稅納稅人包括居民納稅人和非居民納稅人，不同性質納稅人負有不同納稅義務。具體分析如下。

一、居民納稅人概念

　　居民納稅人是指，因戶籍、家庭、經濟利益關係在中國境內習慣性居住的個人，也就是在中國境內有住所，一般可以理解為戶籍在中國，就是在中國有住所；或者無住所而在中國境內居住滿1年的個人。非居民納稅人的認定則相反，也就是在中國沒有住所又不居住，或者沒有住所而在中國居住不滿1年。因此台籍個人是否被認定為居民納稅人，主要與在中國居住時間密切相關。

二、居民納稅人的時間判定標準

　　居住滿1年，是指在一個自然納稅年度中於中國大陸居住滿365日，臨時離境的不扣減天數。臨時離境是指，在一個納稅年度中一次不超過30日，或者多次累計不超過90日的離境。

　　舉例說明如下：

　　例1：某台籍個人於2015年2月1日來中國，6月1日離境。同年6月20日又入境，2016年1月5日離境。

　　該台籍個人2015年在中國天數共計314天，未居住滿1年，當年為非居民納稅人。

例2：某台籍個人於2014年12月20日來中國，2015年5月1日離境。2015年5月18日又入境，2015年12月5日離境。

該台籍個人2015年在中國天數為365天（兩次臨時離境合計為43，故天不扣減天數），居住滿1年，當年為居民納稅人。

例3：某台籍個人於2011年至2015年均在中國工作，其中2011年至2014年每年度內一次離境未超過30天，累計離境未超過90天，2015年6月1日開始休假，7月5日再次入境。

該台籍個人2011年至2014年每年在中國居住滿1年，均為居民納稅人，2015年由於一次離境超過30日，在中國居住天數未滿1年，2015年為非居民納稅人。

例4：某台籍個人於2011年至2015年均在中國工作，按公司規定，每季度回台灣探親一次，每次10天，這樣單次離境未超過30天，每年累計離境時間未超過90天，每年都認定居住滿1年。

三、納稅差異

1. 居民納稅人承擔無限納稅義務，須就來源於中國大陸境內和境外的全部所得（按有關規定可以免稅的除外）繳納個人所得稅，而對於在中國境內無住所，但是居住1年以上5年以下的外籍人士以及港、澳、台個人，其來源於中國境外的所得，經主管稅務機關批准，可以只就由中國境內機構或個人支付的部分繳稅；居住超過5年的個人，從第6年起，台籍個人每住滿1年要就其當年來源於境內境外的所有所得納稅。

2. 非居民納稅人承擔有限納稅義務，僅就來源於中國境內的收入繳納個人所得稅。

四、對中國大陸境內無住所的台籍個人所得徵稅歸納表

居住時間		納稅人性質	境內所得		境外所得	
			境內支付或負擔	境外支付或負擔	境內支付或負擔	境外支付或負擔
183天以內	一般雇員	非居民	✓	×	×	×
	高層管理人員		✓	×	✓	×
183天~1年	一般雇員	非居民	✓	✓	×	×
	高層管理人員		✓	✓	✓	×
1~5年	所有人員	居民	✓	✓	✓	×
5年以上，當年滿1年	所有人員	居民	✓	✓	✓	✓

註：
1. ✓代表徵稅，×代表不徵稅。
2. 上述居住時間的有效憑證，包括護照、往來中國大陸通行證，以及主管稅務機關認為有必要提供的其他證明憑據。
3. 兩岸租稅協定實施後，境內支付或負擔的居住時間將由目前的90天提高到183天。
4. 高層管理人員，是指公司的經理、副經理、財務負責人，上市公司董事會祕書和公司章程規定的其他人員。

【85】外籍個人在中國大陸個人所得稅優惠政策

外籍個人在計算繳納個人所得稅時，除可以享受中華人民共和國個人所得稅法及其實施條例規定的優惠政策外，還有一些外籍人員常見的相關優惠政策，列舉如下：

一、住房

1. 公司租房或購買房屋免費供外籍員工居住，可以不計入工資、薪金所得繳納個人所得。購買的房屋可以提取折舊計入費用，租房的租金可計入費用支出，在企業所得稅前列支。

2. 公司如果將住房費用現金補貼給外籍員工，可以列為費用支出，但要計入個人的工資、薪金所得，繳納個人所得稅，但如果能夠提供合法的住房費用憑證單據，可按實際支出額，從應納稅所得額中扣除。

3. 外籍個人轉讓自己在中國大陸房產，自用5年以上，並且是唯一的家庭生活用房，取得的所得免徵個人所得稅。

二、補貼

1. 外籍個人以實報實銷形式取得的合理的租房補貼、伙食補貼和洗衣費，以及因到中國大陸任職或離職，以實報實銷形式取得的搬遷收入、按合理標準取得的境內、外出差補貼等，免徵個人所得稅。

2. 對外籍個人取得的探親費，在提供探親的交通支出憑證（影本），由主管稅務機關審核後，對其實際用於本人探親，

且每年探親的次數和支付的標準屬於合理的部分給予免稅。須注意，探親費僅限於外籍個人在中國大陸的受雇地與其家庭所在地（包括配偶或父母居住地）之間搭乘交通工具，且每年不超過2次的費用。

例如有的公司制度裡規定高管人員可以每季度回台探親一次，1年探親次數超過了規定的2次，那麼超過部分所報銷的費用，應於取得時併入當月的工資，按照「工資、薪金所得」稅目繳納個人所得稅。

3. 外籍個人取得的語言培訓費和子女教育費補貼，須提供在中國大陸境內接受上述教育的支出憑證和期限證明資料，由主管稅務機關審核，在合理數額內的部分免予納稅。

4. 外籍個人取得上述補貼收入，在申報繳納或代扣代繳個人所得稅時，應按國稅發[1997] 54號的規定，提供相關有效憑證及證明資料。主管稅務機關就納稅人或代扣代繳義務人申報的相關補貼收入逐項審核。對其中相關憑證及證明資料，若不能證明其上述免稅補貼的合理性，主管稅務機關可要求納稅人或代扣代繳義務人在限定的時間內，重新提供證明資料。凡未能提供有效憑證及證明資料的補貼收入，主管稅務機關有權給予納稅調整。

實務中，中國國家稅務總局一般不會要求在申報個人所得稅時提交這些證明資料，而是做好留存以備查核。因此，當上述費用實際發生時，外籍員工應及時取得合法的憑證。企業則應保留租房合同、語言培訓合同和子女教育合同等影印本、繳費憑證，以及報銷探親費用時的車票、租車發票、機票和登機卡等，以備主管稅務機關查核。

三、股息、紅利

外籍個人從外商投資企業取得的股息、紅利所得，免徵個人所得稅。外籍個人用未分配利潤轉增資本，視同利潤分配，同樣免徵個人所得稅。

外籍個人從二級市場取得的上市公司股票，持股期限超過1年的，股息紅利所得暫免徵收個人所得稅。持股期限在1個月以上至1年（含1年）的，暫減按50%計入應納稅所得額，並按20%的稅率計徵個人所得稅。

【86】兩岸租稅協定分析（一）企業所得稅（上）

　　海協會與海基會簽署的《兩岸避免雙重課稅和稅務合作協定》（以下簡稱協定，台灣稱為《兩岸租稅協議》），最大的變動在於將台商中國股權轉讓的納稅地點，由中國大陸改為台灣。協定雖然還未生效，但對規劃回台Ｆ上市櫃，或是在中國申請Ａ股掛牌的台商來說，從企業所得稅層面分析，對台商將產生重大影響。

一、股權轉讓納稅地點由中國大陸移往台灣

　　股權轉讓徵稅機關改變，是這次兩岸稅收協定最優惠的地方。過去，中國大陸台商為了股票上市進行的股權重組，涉稅問題均由所在地的中國稅務機關進行管轄，但根據本次協定，未來除下述兩種情況外，只要是台灣公司或台灣個人轉讓所持有的中國公司股權，中國稅務局將徵稅權力轉移給了台灣稅務機關：

　　1. 台灣企業轉讓中國大陸公司股份取得的收益，且該股份的50%以上價值直接或間接來自中國大陸的不動產，則在中國徵稅。

　　2. 台灣方如對該項股份轉讓收益免稅，且台灣方股東在轉讓行為前的12個月內，曾經直接或間接持有中國大陸方公司至少25%資本，則中國大陸方可以徵稅，也就是說當台灣不徵稅時，中國大陸就可以徵收。

　　對適用對象「台灣公司」或「台灣居民」的含義，協定增加了「實際管理處所」概念，對大部分透過BVI（即英屬維京群島，海外離岸投資中心之一）等境外公司投資中國大陸的台商，如果同時滿足以下三條件，有可能被納入所謂的「台灣公司」定義之

中，進行中國大陸公司股權轉讓，可能須在台灣納稅：

   （1）做出重大經營管理、財務管理及人事管理決策的人，為在台灣居住的個人，或是總公司在台灣的企業，或是做出主要決策的處所在台灣。

   （2）財務報表、會計帳簿紀錄、董事會議事錄或股東會議事錄的製作或儲存處地點在台灣。

   （3）實際執行主要經營活動的處所或機構在台灣。

如果滿足上述條件的第三地公司不在台灣申請認定實際管理處所，該公司轉讓中國大陸股權時也未申請享受兩岸稅收協定，則中國大陸稅務機關將按照一般原則在中國大陸徵收10%所得稅，但台灣方面是否會在境外公司不主動申請的情況下直接認定實際管理處所，將視後續兩岸協定的操作細則確認。

二、對台商申請上市的納稅影響

1. 股權變更不納稅空間變小

由於協定生效後，兩岸稅務機關有交換稅收情報的約定，股權轉讓台灣稅務機關有優先徵稅權，常理推論下，將提升台灣稅務機關對中國大陸台商股權轉讓課稅的積極性，尤其過去因為資訊不對稱，或是轉讓股權目標是中國大陸台商境外母公司股權，中國稅務機關很難查核，但未來只要中國稅務機關要求台商出具台灣稅務機關的完稅證明，將迫使台商必須主動回台納稅。股權轉讓常牽涉複雜歷史因素，且涉稅金額較大，甚至不排除被台灣稅務機關歸類在個人所得稅，以最高45%的稅率課稅。

2. 稅負變化

台灣公司轉讓所持有的公司股權,都是按17%稅率徵收利得稅,如果是公司分配股利給個人,則是按個人5% ～ 45%不等的稅率徵收個人所得稅。

舉例來說,台灣居民甲持有註冊在Samoa的A公司100%股權,A公司再持有中國大陸B公司100%股權,由於上市需要,甲將持有A的股權轉讓30%給C公司。目前的實務處理方式是,甲按股權轉讓獲利部分,在中國大陸以10%的稅率繳納所得稅,不管回台還是在中國大陸上市,審查機關只要取得中國稅務機關納稅憑證即可,但若兩岸稅收協定生效後,甲變成不是在中國大陸納稅,而是要去台灣稅務機關申報個人所得稅,甚至有被課最高45%個人所得稅的可能。

對準備進行股權轉讓、送件申請上市的台商來說,須密切關注日後兩岸稅務機關公布的操作細則,特別是台灣稅務機關要求台商納稅時須檢附哪些文件做為佐證?如何定義納稅基礎?中國大陸稅務機關在台商無法提供納稅證明時如何操作?這些都會大大影響台商上市前的準備成本。

【87】兩岸租稅協定分析（二）企業所得稅（下）

完成簽署的《兩岸避免雙重課稅和稅務合作協定》，約定了兩岸經濟往來中產生的各類所得的徵稅權和優惠稅率，對台商在中國大陸納稅影響最大的稅種是「企業所得稅」，具體可從以下幾個層次進行分析。

一、財產收益的課稅權歸屬台灣

台商在中國大陸的財產轉讓收益，除股權轉讓收益課稅權歸屬台灣外，其他財產收益課稅權，除以下情形外，也轉移到台灣地區課稅：

1. 企業使用或轉讓位於中國大陸的不動產所產生的所得，由中國大陸課稅。

2. 轉讓台灣企業在中國大陸的常設機構營業財產部分的動產，包括轉讓常設機構取得的收益，由中國大陸徵稅。

換言之，以後台灣企業在中國大陸取得的如著作權、商標等無形資產及動產轉讓的收益，均在台灣申報納稅。

二、台灣機構來中國大陸經營如不構成常設機構，無須在中國大陸繳納企業所得稅

協定規定，台商在中國營業取得的利潤，在未構成常設機構的情況下，中國予以免稅或不予課稅。例如建築工地、建築或安裝工程或與其有關的監督管理活動，存續期間超過12個月的，構成常設機構；提供諮詢服務等，若在有關納稅年度開始或結束的

任何12個月連續或累計超過183天，即構成常設機構。台商在中國未達到上述條件的短期營業行為，協定將免於在中國徵稅。

三、投資所得享受優惠稅率

1. 股利（股息）：受益所有人若直接擁有支付股息的公司至少25%的股份，稅率為股息總額的5%；其他情況下，為股息總額的10%。協定強調了須同時滿足「受益所有人」、「直接擁有」、「擁有至少25%的股份」三個前提條件，方能享受股息紅利5%的優惠稅率。同時，由於中國目前對外籍個人還是暫免徵收股息紅利的個人所得稅，對台灣個人直接投資中國的企業而言，此條款無意義。

2. 利息收入：所徵稅款不應超過利息總額的7%，其中延遲給付的違約金，非協定所稱利息，不能享有優惠稅率。

3. 權利金（特許權使用費）收入：所徵稅款不應超過特許權使用費總額的7%。

上述優惠稅率均強調了「受益所有人」的概念，根據中國《國家稅務總局關於如何理解和認定稅收協議中「受益所有人」的通知》（國稅函[2009] 601號）規定，「受益所有人」一般指從事實質性經營活動的企業或個人，故轉投資中國大陸的台商如須享受優惠稅率，將面臨台灣實際管理處所的認定問題。

四、移轉訂價調整

協定規定，中國稅務機關如對關聯企業間交易進行移轉訂價調整，台灣方可申請調減交易所得；鑑於中國稅務機關日益加強的關聯交易查核力度，此條款可避免兩岸雙重徵稅的現象。但對

大部分透過BVI等境外公司投資中國大陸的台商而言，除非台商將關聯交易中的境外公司一方認定為台灣實際管理處所，否則無法調減交易所得。而一旦認定為台灣實際管理處所，全部收入所得須在台灣申報納稅。

五、消除雙重課稅方法

協定規定，中國大陸居民在台灣取得的收入，按照協定規定在台灣繳納的稅款允許回中國大陸抵免，抵免金額以不超過該項所得依中國稅法計算的稅額為限。

六、資訊交換

對於台商比較關心的資訊交換條文的施行，可能導致企業內部資訊外洩及增加稅收負擔等，協定特別制定了四不條款：

1. 不溯及既往：僅對協定生效次年的所得稅課稅資訊開始適用，也就是最快2016年1月1日以後資訊才能交換。

2. 不做刑事案件使用：不可做為刑事案件起訴的證據。

3. 不做稅務外用途：所交換的資訊僅能做為適用兩岸租稅協定及雙方核定、徵收及執行所得稅使用。

4. 不是具體個案不提供：僅用於專案資訊交換。

七、生效日期

以上涉稅事項須協定生效後的次年1月1日（含當日）以後開始執行，意謂如果一切順利，最快也要2016年元月台商才能獲益。

【88】兩岸租稅協定分析（三）個人所得稅

中國大陸個人所得稅按收入類別分別徵收，稅率各有不同，台籍個人來源於中國大陸收入涉及到的所得稅亦然。兩岸租稅協定的簽定，將對台籍個人在中國大陸取得的工資薪金、勞務報酬、財產轉讓收入、投資收益等個人所得稅，都存在影響。

一、工資薪金和獨立個人勞務

兩岸租稅協定中將個人勞務所得分「受雇勞務」、「獨立個人勞務」、「董事報酬」、「養老金」……等七類。

1.「個人獨立勞務」指的是個人所得稅法中的「勞務報酬」，「受雇勞務」也就是個人所得稅法中的「工資薪金」。這兩項收入是否在中國大陸徵稅，與台籍個人在中國大陸居留時間及所得來源地有關係。現行規定為：台籍人士在一個納稅年度中，在中國大陸境內累計或連續居住不超過90天，其來源於中國大陸所得不由中國大陸機構支付且不由中國大陸機構承擔費用的，在中國大陸免徵個人所得稅。

本次簽定的租稅協定將90天免稅時間延長到183天。同時將「一個納稅年度」修正為「在有關納稅年度開始或結束的任何12個月期間」。「一個納稅年度」，是指1月1日至12月31日的一個年度；而「在有關納稅年度開始或結束的任何12個月期間」，則是指從個人任何一次入境所在月份往後的連續12個月，或個人任何一次離境所在月份往前的連續12個月，這樣的「任何連續12個月」放大了183天的統計範圍，台籍個人的納稅義務範圍有可能更大。

2. 台籍個人擔任中國大陸公司董事所取得的董事報酬，無論該董事在中國大陸居留時間長短，均應在中國大陸地區繳稅。如董事同時在該公司任職，則董事報酬應與工資薪金合併計算當期收入，按工資薪金所得繳納個人所得稅；如董事不在該公司任職，則按照勞務報酬繳納個人所得稅。此條款在租稅協定生效前後並無改變。

3. 台籍個人在中國大陸居住，按台灣勞保制度享有的養老保險金，不屬於來源於中國大陸所得，現行制度下無須在中國大陸繳納個人所得稅，兩岸協定中再次明確該項規定。

二、權利金收入和利息收入

權利金收入也就是中國大陸個人所得稅法中的「特許權使用費所得」，現行政策下，台籍個人取得來源於中國大陸的權利金和利息收入，須繳納20%個人所得稅。兩岸協定中，將稅率從20%降為7%。

目前台籍個人在中國大陸金融機構的存款利息收入，免徵個人所得稅，兩岸協定生效後，中國仍會免徵該項個人所得稅。

三、股息紅利所得

因股息紅利所得5%優惠稅率，在兩岸協定規定中僅針對受益所有人為公司的情形，對個人持股方式不適用。不過中國大陸目前對於外籍個人從外商投資企業取得的股息紅利免徵收個人所得稅，故此條款對台籍個人無影響。

四、財產租賃所得

　　中國大陸現行個人所得稅法規定，台籍個人在中國大陸出租房屋建築物、土地使用權、機器設備、車船等財產，取得的收益均為來源於中國大陸，必須在中國大陸繳納20%個人所得稅。兩岸協定中規定只有租賃不動產（房屋建築物、土地使用權，包括農業和林業所得）時，在不動產所在地納稅，台籍個人取得的其他動產租賃所得（例如機器設備），必須在台灣繳納個人所得稅。

五、財產轉讓所得

　　中國大陸現行個人所得稅法規定，台籍個人取得來源於中國大陸的財產轉讓所得，包括轉讓股權、不動產、車輛、無形資產（專利、專有技術、商標權等），須在中國大陸繳納20%個人所得稅。而兩岸協定在財產轉讓方面則有重大變化：

　　1. 台籍個人轉讓中國大陸不動產，在中國大陸課稅。

　　2. 台籍個人轉讓中國大陸股權時，如該股權價值50%以上直接或間接來自於中國大陸不動產，在中國大陸課稅。

　　3. 若台籍個人轉讓中國大陸股權收益在台灣免稅，且在轉讓前12個月內該人員曾經直接或間接持股達到25%，則中國大陸可以課稅。

　　4. 台籍個人除上述情況外的其他財產轉讓所得，轉至台灣地區課稅。

　　也就是說，若台籍個人向中國大陸企業或個人轉讓其持有的無形資產，或轉讓其持有的中國大陸企業股權（不含上述第2.、3.種情況），均無須在中國大陸課稅，應併同台灣來源所得，在台灣地區申報繳納個人所得稅。

【89】兩岸租稅協定分析（四）
　　　對台資銀行的影響分析

　　已簽定的兩岸租稅協定，約定了兩岸的稅務減免等事項，對台資銀行而言，具體影響分析如下。

一、降低台資銀行的借款成本

　　台資銀行在中國大陸的分行於運營過程中，向台灣母行借入的外債，在支付利息給台灣母行時，必須代扣代繳10%的企業所得稅。兩岸租稅協定簽定後，由於台灣母行屬台灣居民，根據協定可申請享受7%的優惠稅率，此稅款雖然是替台灣母行代扣代繳，但實際操作上最終還是會計入中國大陸分行的融資成本中，故利息支出所得稅率的降低意味著中國大陸分行融資成本的降低，提高了中國大陸分行的競爭力。不過兩岸租稅協定中也指出，延遲給付的違約金，非協定所稱利息，不能享有優惠稅率，須按照10%稅率課稅。

　　同樣的，若中國企業直接跨境向台灣銀行借入外債，支付利息時根據兩岸租稅協定，也可以按照7%優惠稅率代扣代繳稅款，相當於降低了中國企業的融資成本，無形中提高了境外台資銀行的競爭力，對中國本地的台資銀行而言卻增加了業務競爭的難度。

二、降低台資銀行的營運成本

　　因銀行業對軟體使用要求較高，且目前台資銀行在中國大陸基本上以分行形式為主，一般不會自己開發或購買軟體，而是使

用台灣母行的軟體系統，台灣母行則根據使用情況收取軟體使用費。台資銀行在支付該筆費用時，須按照費用的10%代扣代繳企業所得稅，兩岸租稅協定簽定後，由於該軟體使用費屬於特許權使用費，根據協定可申請享受7%的優惠稅率，進而降低了台資銀行的營運費用，間接提升了銀行自身的競爭力。

不過協定中特別指出，在支付利息、權利金適用7%所得稅率時，所付金額不得超過雙方無特殊關係時支付的金額，如有超過則須按照正常稅率10%課稅，不得享受優惠稅率。至於如何認定「超過有特殊關係時支付的金額」，還須觀察後續兩岸稅收協定的細則及操作實務。

三、股息紅利的優惠稅率

鑑於目前在中國大陸的台資銀行基本為台灣中國大陸分行，而分行不是法人主體，其經營利潤和經營虧損均由境外母行承擔，故分行做為台灣的銀行在中國大陸的分支機構，匯出的利潤也不應屬於股息紅利，分行的利潤總額只須在中國繳納25%的企業所得稅後，便可直接匯回台灣，不再扣繳稅金。日後如果台資銀行分行轉制成為在中國大陸註冊的法人銀行，則利潤匯出至台灣投資方時可以根據兩岸租稅協定，申請享受股息紅利所得5%的優惠稅率。

但在實務操作中，有部分稅務機關認為中國大陸分行雖然不是法人主體，但是從經營實質而言屬於居民企業，故在營業利潤繳納25%企業所得稅後，利潤匯至台灣母行時應做為股息紅利所得代扣代繳10%的企業所得稅。由於中國大陸稅法對常設機構的

營業利潤匯出是否徵稅沒有明確文件，只能以當地稅務機關意見為準。對台資銀行而言，代扣代繳10%的所得稅金額，最終還是可以在台灣母行進行抵扣，對集團總體稅負率沒有影響，差別在於該筆稅款究竟在台灣繳還是在中國大陸繳，繳納時間是中國大陸匯出時繳納還是台灣母行年度清算時繳納。

四、稅收抵減

　　根據協定規定，台資銀行如從台灣地區取得所得，應在台灣地區繳納稅金後匯回中國大陸，這部分稅金允許中國大陸台資銀行在繳納企業所得稅時抵免，但抵免額不應超過對該項所得按照中國大陸稅務規定計算的稅額，避免了兩岸重複徵稅。

【90】兩岸租稅協定分析（五）對無根台商影響分析

過去無根台商在台灣的納稅情況屬於模糊狀態，隨著兩岸租稅協定生效，未來將對無根台商稅收成本產生實質影響。

目前在中國大陸投資的台商若以股權結構劃分，有以台灣公司當主體，透過BVI等第三地境外公司進入中國投資，或更多是屬於台灣個人先投資設立第三地境外公司，再進入中國投資。後者的真實收入情況，台灣稅務局很難掌握，但隨著兩岸租稅協定生效，將對無根台商在台灣納稅產生實質影響。

兩岸租稅協定本意是劃分兩岸間租稅權及減免相關稅負，達到降低兩岸間重複課稅的目的，但對無根台商而言，由於在台灣多無營運處所，加上是由台籍股東個人透過第三地境外公司前往中國大陸投資，過去納稅都是以實際營運地，也就是中國大陸所在地的稅務局為主，但兩岸租稅協定簽定後，對無根台商而言將從以下三方面產生納稅上的衝擊。

一、增加中國大陸地區所得透明度

兩岸租稅協定主要適用對象為兩岸居住者，大多數在中國大陸投資的台籍個人股東，在台灣仍保有戶籍，且從不同角度很容易被證明「生活及經濟重心均在台灣」，因此大多數無根台商毫無疑問被認定為「台灣納稅居民」。依現行兩岸人民關係條例，對台灣居民來源於中國大陸地區的所得，須被視為等同於來源於台灣的所得，不管是投資中國大陸的股利、處分股權收益等，均應併入個人所得稅，在每年5月合併申報綜所稅。

問題是，實務中很少有在中國大陸經商的台商會主動申報中國大陸地區所得，就算是目前台灣上市櫃公司派駐在中國大陸地區的台籍員工，也很少會主動申報在中國大陸領取的酬勞，未來在兩岸租稅協定下，可能為了取得租稅減免優惠，不得不向台灣稅務局主動申報，或是被動因台灣稅務機關要求中國稅務機關提供台商在中國大陸的納稅資料，而不得不在台灣申報來源於中國大陸地區的所得。總而言之，台灣稅務機關未來對於在中國大陸工作的台灣個人或是設立在中國大陸的台資企業，可主動掌握其在中國大陸的所得來源資訊，這將促使更多中國大陸台商最終必須如實在台灣申報來源於中國大陸的所得。

二、改變回台上市櫃企業的繳稅時間點

從兩岸租稅協定角度看待回台 F 上市櫃的開曼控股公司，萬一被認定為實際管理處所在台灣，單以股利分配為例，由於開曼公司未實質營運，無法有足夠現金支付股利發放，一般都是由中國大陸境內的實質營運公司，以分配股利方式將利潤從中國大陸境內匯往境外的開曼公司，匯出利潤前須在中國大陸先繳納 10% 的利潤匯出所得稅，雖然未來在兩岸租稅協定下，這個稅率將降至 5%，但在利潤匯出至開曼公司，還未分配給股東前，就可能會因開曼公司被認定為台灣公司而先被課稅，也就是課稅時間點將比過去提前。至於如何抵扣之前在中國大陸繳納的 5% 利潤匯出所得稅？或是股利到底該如何課稅？都須等台灣稅務機關進一步公布操作細節。

三、境外公司須增加透明度

　　上述無根台商若想適用兩岸租稅協定的稅收好處，得先向台灣稅務機關申請被認定為台灣納稅居民身分，如此一來，將大大增加台灣國稅局對無根台商收入情況的了解，進而增加無根台商被關注的機會。

【91】台資銀行面對中國大陸「營改增」系列（1）台資銀行營改增重點事項分析

　　增值稅在中國並非新生事物，由來已久，上世紀八〇年代就已出現，經過十來年的完善，國務院於1993年發布增值稅暫行條例，至今不斷調整更新和擴大徵稅範圍，即將全面取代營業稅。

一、徵稅原理

　　增值稅的基本徵稅原理，為對產品流通和提供勞務過程中的增值部分徵稅。由於分別每項產品核算其增值額度非常困難，實際做法是採用「銷項」抵減「進項」，計算商品流通過程中每個環節必須繳納的增值稅。簡單來說，就是當期（一般以1個月為一期）商品在銷售時，根據銷售額和適用稅率，全額計算銷項稅額；當期採購時，向供應商支付的採購價款中包括增值稅，這部分增值稅從採購價款中分離出來，計入進項稅額。每個月的銷項減當期的進項後，如為正數，則須向稅務機關繳納增值稅；如為負數，則流轉到下一期做為進項抵扣。由此可見，採購所取得的進項，並沒有用於抵扣該項採購對應的銷項，而是採購當期發生的銷售的銷項。

二、稅率

　　上文提到計算增值稅要用「適用稅率」，未明確指出稅率是多少，因為不同行業、不同產品增值稅稅率是不同的。增值稅適用稅率共有4檔：（1）一般商品銷售、有形動產租賃、修理修配勞

務，稅率為17%；（2）稅務局指定的特殊商品稅率為13%，包括糧食、適用植物油、能源產品、化肥農藥等；（3）交通運輸、電信基礎服務、郵政服務，稅率為11%；（4）部分現代服務（如研發和技術服務、資訊技術服務、文化創意服務、物流輔助服務、咨詢鑑證、廣播影視等）、電信增值服務（簡訊、多媒體訊息、互聯網等），稅率為6%。除以上4檔基本稅率，還有一些特殊交易稅率為0%，主要是針對出口和一些技術服務等。

三、一般納稅人標準

除以上一般計稅方法，還有簡易計稅方法，主要是針對規模較小的納稅人，適用3%徵收率，只計算銷項稅額，不得抵扣進項稅額。大致來說，生產型企業和提供修理修配勞務的年銷售額不超過50萬元人民幣，商貿企業年銷售額不超過80萬元人民幣，提供交通運輸及現代服務業（「營改增」的行業）的年營業額不超過500萬元人民幣，都屬於小規模納稅人。超過小規模納稅人標準的，必須按照一般計稅方法計算繳納增值稅。小規模納稅人如果會計核算健全，能向稅務機關提供準確資料，也可以申請成為一般納稅人，按一般計稅方法繳納增值稅，允許抵扣進項稅額。對小規模納稅人而言，可以根據自身業務增值空間和可以取得的進項稅額，綜合判斷按哪種方法稅負更低。

四、軟硬體設施

中國大陸的增值稅受到嚴格管控，增值稅發票不得隨意開具。為此，中國國家稅務總局從九〇年代末開始大力推行「金稅

工程」，所有的增值稅發票都納入稅務機關的軟體，進行統一管理。增值稅納稅人如果要開具增值稅發票，必須向稅務機關指定的供應商購買指定的稅控設備金稅卡或金稅盤、軟體。為配合稅控設備，納稅人還須自備符合稅務局要求的電腦和印表機。現在納稅人的稅控設備與稅務機關的管控軟體是聯網的，所有開票資訊實時上傳到稅務機關。發票開錯必須作廢和重開，其進項抵扣也都受稅務機關的軟體管控。

五、申報

增值稅的納稅期限有1日、3日、5日、10日、15日、1個月或者1個季度，由稅務機關根據納稅人納稅額的大小分別核定，一般企業大多被核定1個月申報一次。按月申報的，於次月1日到15日內申報並繳清上月應繳納的增值稅，遇到節假日必須順延時，稅務機關會發通知給納稅人，沒收到通知就按規定執行。

【92】台資銀行面對中國大陸「營改增」系列（2）台資銀行在中國大陸的影響分析

中國大陸「營改增」將影響台資銀行在中國大陸的毛利率、淨利潤率等指標，對台資銀行在中國的獲利產生實質影響。

「營改增」是「營業稅」改「增值稅」的簡稱，中國大陸的營業稅和增值稅最大差別在於，前者不能抵扣，後者則可以做為進項進行抵扣。過去，包含金融業在內的服務業，在中國都是以營業稅做為納稅主軸，但為了消除部分行業徵收營業稅，部分行業又徵收增值稅，造成增值稅抵扣鏈條的斷裂，形成企業重複徵稅問題，自2012年1月1日起，中國國家稅務總局在上海以運輸業及部分現代服務業做為試點，開始推動所謂的「營改增」。

到2014年6月底，除金融行業及建築業和部分服務業外，大部分行業「營改增」都已落實完成，由於銀行業在中國大陸經濟結構中的特殊地位，銀行業的「營改增」事涉敏感，牽涉範圍廣，因此國稅總局將金融業「營改增」放在最後一環。但不論如何，中國大陸金融行業「營改增」最遲在2015年年底前完成，已是無庸置疑的事。

在理解金融業「營改增」前，要先了解金融業「營改增」將會造成地方政府稅收減少，因為過去增值稅屬中央和地方共享，中央分得75%，地方分得25%，但營業稅是地稅，100%由地方所有，因此「營改增」後，中央稅收增加，反之地方稅收減少。除非中央與地方在金融業「營改增」後的增值稅分稅比例上達成新共識，否則地方政府自然不樂見金融業「營改增」造成少了一塊

稅收收入的情況，這也是為何國稅總局把金融業「營改增」放在最後推動的另一層原因。

「營改增」對台資銀行來說，最重要的是將會減少台資銀行在中國大陸的利潤。對境外的台資銀行來說，「營改增」後，以中國大陸台資企業向境外台資銀行借入外債的業務為例，台資企業所支付的利息必須繳納增值稅，由於目前金融業的增值稅到底能不能比照其他行業進行抵扣並沒有定論，如果不能抵扣，則勢必增加中國大陸台資企業向境外台資銀行舉借外債的負擔，削弱境外資金原本低成本的優勢。

雖然中國國稅總局未正式公布金融行業「營改增」的增值稅稅率，也未明確企業到底能不能抵扣借款利息的增值稅？但「營改增」極可能增加台資銀行等中國大陸銀行業在中國營運稅負成本，進一步減少台資銀行在中國大陸獲利，因此台資銀行應該進行細部評估「營改增」對中國大陸業務的影響。

最後，台資銀行可在以下三個方面採取具體步驟，提早面對大陸「營改增」所可能造成的衝擊。

1. 系統調整

銀行業使用的電腦系統較為複雜，加上增值稅是價內稅，與營業稅的價外稅特性不同，這將造成核算上存在較大差異，因此系統調整對台資銀行來說將是比較大的工程。這其中又以銀行自己的電腦系統，與稅務局的增值稅「金稅系統」間數據的對接，尤為重要。

2. 人員培訓

增值稅與營業稅在銀行的會計核算及稅款繳納上，均存在差

異，台資銀行須及早進行財會人員培訓，業務人員也必須對「營改增」進行認識，才能知道對銀行不同業務間的利潤影響，並做出相對應的業務調整，也才能避免「營改增」後因會計核算及稅款申報錯誤所造成的稅務風險及業務影響。

3. 業務流程修改及業務制度修訂

如上所分析，「營改增」將會影響台資銀行在中國大陸不同業務間的獲利程度，所以在國稅總局正式公布金融業「營改增」政策前，台資銀行應先模擬不同情況，針對「營改增」政策可能內容，進行相應的業務流程修改及制度修訂工作。

【93】台資銀行面對中國大陸「營改增」系列（3） 「大陸增值稅」與「台灣加值型營業稅」比較

台資銀行在中國大陸「營改增」後，可能必須使用稅務部門指定的硬體設備及官方要求的統一軟體，開立增值稅發票。

目前銀行業在中國大陸繳納的是營業稅，在台灣繳納的則是「非加值型營業稅」，兩者雖然稅率都是5%，徵稅體系也基本一致，但中國大陸銀行「營改增」後，台資銀行在兩岸面臨的稅率或徵收、監管等方面，都將出現不小的差異，特別是「營改增」細節還未公布，如果銀行業在中國大陸開立增值稅發票管理方式還是沿用現行其他行業方法，那台資銀行將被迫在中國大陸稅務管理上投入比台灣更多的成本。

以下從幾個層次分析中國大陸「增值稅」與台灣「加值型營業稅」的異同。

一、中國大陸流轉稅 V.S. 台灣營業稅

中國大陸針對商品銷售和勞務服務所徵收的稅種，區分為增值稅、營業稅和消費稅三個稅種，統稱為「流轉稅」。

其中，銷售貨物和提供已「營改增」的勞務服務，所繳納的是增值稅；提供尚未「營改增」的勞務服務，則是繳納營業稅；銷售某些特殊商品，例如化妝品、豪華轎車等，則必須在繳納增值稅前先繳納消費稅。所以從徵稅範圍來看，中國大陸的增值稅和營業稅加起來，與台灣的營業稅徵收範圍一致。

二、中國大陸營業稅 V.S. 台灣「非加值型營業稅」

台灣的營業稅分為「加值型」和「非加值型」兩種，徵收範圍、稅率、稅額計算方法不同。其中，非加值型營業稅不得抵扣進項稅額，與中國大陸的營業稅計徵方法一致，但兩岸在徵收範圍及稅率有明顯差異。

目前在中國大陸，尚未「營改增」而仍繳納營業稅的行業仍有不少，像是建築業、金融業、生活服務業、不動產銷售等，其中生活服務業包括餐飲、住宿、旅遊、娛樂等的營業稅，稅率為5%至20%。

台灣的「非加值型營業稅」徵收範圍就比較窄，主要是金融業、娛樂業及小規模納稅人，稅率一般為5%至25%，若是小規模納稅人稅率則為1%。

三、中國大陸增值稅 V.S. 台灣「加值型營業稅」

台灣的加值型營業稅計徵方法為銷項抵減進項後的餘額，做為實際應納營業稅額，這部分與中國大陸增值稅計算方法一致，兩者除了稅率和納稅人資格影響抵扣上有所不同外，在免稅、零稅率優惠等規定上相當接近。

中國大陸企業要開立可抵扣增值稅發票前，必須先向稅務局申請取得「一般納稅人資格」認定，否則即使營業規模超過人民幣80萬元或500萬元，銷項稅仍必須按一般納稅人的稅率（17%、13%、11%或6%）計算，但進項稅額仍不得抵扣。

最後值得再比較的是，台灣要求加值型營業稅的納稅人開具

發票，但台灣稅務部門沒有硬性規定開票所使用的軟、硬體；中國大陸則不同，要開具增值稅專用發票，企業除了必須在稅務部門指定的硬體設備上開具外，還必須使用稅務部門統一要求的監管軟體系統，除了必須在網路上開具，離線開具發票的數量和時間都有嚴格限制，同時，納稅人向稅務機關購買專門的增值稅發票，數量和能開具的發票面額，也都受到稅務部門監管。

【94】台資銀行面對中國大陸「營改增」系列（4）「營業稅」與「增值稅」繳納實務差異

「營改增」後，台資銀行將直接面臨計稅依據、計稅方法、稅率、會計核算、發票管理、申報期限等繳納上的差異。

從實務層面來看，台資銀行在中國大陸從繳納營業稅改為繳納增值稅後，將產生以下具體差異：

一、計稅依據和計稅方法不同

由於增值稅屬於價外稅，所以銷項稅額的計算公式＝〔含稅銷售額÷（1＋稅率）〕×稅率。中國大陸的增值稅計稅方法包括一般計稅方法和簡易計稅方法兩種，若是一般納稅人，則適用一般計稅方法，應納稅額為當期銷項稅額抵扣當期進項稅額後的餘額，至於應納稅額計算公式＝當期銷項稅額－當期進項稅額；如果當期銷項稅額小於當期進項稅額造成不足以抵扣時，不足抵扣部分可以結轉到下期繼續抵扣。營業稅就沒有這麼複雜，應納稅額＝含稅收入×稅率。由此可知，台資銀行未來繳納增值稅比繳納營業稅要麻煩得多。

二、稅率不同

中國大陸的營業稅稅率根據服務內容不同，從3%到20%分成好幾檔稅率，銀行業適用的是5%稅率。至於增值稅稅率，則是根據銷售貨物或提供不同的勞務服務分為5檔，分別是17%、13%、11%、6%、0%，銀行業的增值稅稅率雖然還沒有公布，但是一般

預期為6%。

三、會計核算不同

在中國大陸，繳納營業稅的企業只有在涉及營業稅計提和繳納時，才須進行相關會計核算，而如果繳納的是增值稅，在各個環節都可能涉及增值稅核算，舉例來說，採購所取得的進項，或是銷售所實現的銷項，甚至是抵免稅款、進項轉出、繳納稅款等許多環節，都會涉及增值稅的核算。另外，在實際工作中還要注意價外稅的問題，須先將含稅收入還原為未稅收入，以台資銀行的收入和費用會計核算為例，說明如下：

1. 收入核算

假設合同約定利息收入為1,000元，則繳納增值稅時的會計分錄為：

借：應收利息 1,000

貸：利息收入 943.40（＝1,000 ÷ 1.06）

貸：應交稅費－應交增值稅－銷項稅 56.60（＝1,000 ÷ 1.06 ×6%）

2. 費用核算

假設合同約定購買電子產品3,000元，供應商是一般納稅人，則繳納增值稅時計入費用的會計分錄處理為：

借：費用 2,564.10（＝3,000 ÷ 1.17）

借：應交稅金－應交增值稅－進項稅 435.90（＝3,000 ÷ 1.17×17%）

貸：銀行存款（或應付帳款）3,000

四、發票管理不同

增值稅因實行的是憑票抵扣制度，必須分別計算銷項稅額和進項稅額，用銷項稅額減去進項稅額和上期留抵稅額後的餘額，做為當期的應交稅額，因此對增值稅專用發票的要求較高，發票內容須詳細列明銷售方和購買方的納稅號、開戶銀行、帳號、經營地址等，而且增值稅專用發票必須經過稅務局認證後，方能進行抵扣，所以台資銀行必須提高對發票的管理要求。反之營業稅發票就比較簡單，銀行一般情況下不須開具發票，如果客戶真的要求開具，可以請稅務部門代開。

對比上述兩種徵稅方式，營業稅按照營業額全額徵稅，徵管相對簡單，而增值稅則強調抵扣鏈條的完整，按照每個環節的增值額徵稅，除必須明確每筆業務的增值額外，還須確保取得相應的進項發票用於抵扣，不可抵扣的進項稅將直接轉變為銀行經營成本。同時由於增值稅進項抵扣原理，勢必會面臨銀行業大量增值稅專用發票開具需求，再加上嚴苛的增值稅合規性規定，對台資銀行的內部系統和人員來說，「營改增」會是一大考驗。

五、申報期限不同

銀行業的營業稅是按季度申報，而現行增值稅管理體系，增值稅是按月申報，報稅頻率將大為提高。

【95】台資銀行面對中國大陸「營改增」系列（5）
現在可以著手做哪些準備工作？

「營改增」將使台資銀行在中國大陸面臨系統改造、合規、操作、人員等挑戰，須提早準備才不會引發風險。

台資銀行可從以下幾個工作，著手提前準備「營改增」。

一、增值稅專業知識的教育訓練

之前曾分析中國大陸增值稅與台灣加值型營業稅的異同，雖然兩岸金融業的納稅有些不同，但徵稅原理和基礎邏輯基本一致，因此在正式「營改增」政策發布前，除了要向派駐中國大陸的台籍幹部進行培訓外，更重要的是必須趕緊對第一線實際處理「營改增」問題的中國大陸員工進行專業培訓，了解銀行可以取得哪些進項稅發票？並且要重點關注增值稅的抵扣風險，了解哪些進項稅不得抵扣。

二、增值稅科目的設置

目前中國大陸的一般銀行都沒有設置增值稅相關會計科目，由於營改增後，電腦系統中必須在應交稅金科目下，增設有關增值稅的二級及三級明細科目。財政部對會計科目的代碼和名稱都有統一規定，增值稅也不例外，台資銀行應先了解目前與增值稅有關的二級科目有兩個，三級科目有九個，並根據自身需求增設相對應的二級和三級科目，提早與系統工程人員溝通，並編寫科目使用說明以便報備。

三、分析涉及增值稅業務的會計分錄

由於不同種類收入的涉稅情況不同，最終進行收入確認的分錄也會有所差異，但應稅收入和免稅收入分錄就不同，所以銀行須將現有涉及不同收入的會計分錄清理出來，逐一檢查「營改增」後的收入確認分錄，除此之外，有關進項稅、進項轉出、減免稅款、轉出未繳稅款等，所有涉及增值稅的基本會計分錄都須重新分析。

四、判斷對利潤及其他財務指標的影響

目前銀行在中國大陸繳納的5%營業稅屬於價內稅，稅金部分計入報表中的收入項目，「營改增」後改為繳納6%增值稅，屬於價外稅，稅金部分不計入報表中的收入項目。因此「營改增」對銀行報表中的收入、毛利、淨利潤、淨利潤率等指標，都會產生或大或小的影響，這對銀行業在中國大陸的考核、未來經營目標制定等各方面，都將產生影響，所以台資銀行須根據自身業務情況，事前分析「營改增」對日後業務定價、供應商選擇、報表指標、內部考核等影響，提報台灣總行了解。

五、系統改造

其實「營改增」最麻煩的，是涉及電腦系統改造問題，這部分又可以分為以下三個層次：

1. 業務和帳務系統改造會直接涉及核心系統，這對布局全球的銀行而言，不是直接修改核心系統，就是在核心系統外專門為

中國大陸增值稅再做一個程序,以滿足中國大陸的帳務、稅務和其他監管機構需求。

2. 須讓銀行本身的帳務系統,與官方指定的增值稅發票系統對接,由於增值稅發票是在稅務局指定的稅控系統中完成,與銀行的帳務系統完全獨立,因此銀行需要有一個程序將兩個系統連接起來,才能實現自動開立發票的目的。

3. 建立增值稅管理系統。由於銀行業務繁多,什麼時候確認收入?什麼時候必須開發票?增值稅申報表上會計收入和申報表收入如何調節等問題,都較一般企業複雜,需要有一個專門的電腦軟體,管理這些與增值稅有關的事項。

其他如增值稅的業務流程、增值稅內部管理制度、法報填寫、申請一般納稅人等,事情雖不難,但細節之處銀行都必須特別留意。

【96】台資銀行面對中國大陸「營改增」系列（6）「營改增」涉稅風險分析

「營改增」對台資銀行來說，最大的風險不是法律或稅務風險，而是可能造成銀行名譽受損的品牌風險。

「營改增」不只是會計或稅務上的問題，由於增值稅涉及進項抵扣，在涉稅風險上比營業稅更為嚴重。

台資銀行因「營改增」在中國大陸可能遭遇的涉稅風險如下：

一、未按時申報納稅

實務中，絕大多數企業都是以「月」做為增值稅的納稅申報期限，並在每月15日前必須納稅，如果沒有在這期限內納稅，根據《中華人民共和國稅收徵管法》，稅務局除了會責令限期改正外，最高還可處人民幣1萬元罰款。正常情況下，台資銀行不太可能發生延遲納稅情況，但在人員離職交接，新人剛接手，甚至負責的財務人員請假等突發狀況，都可能造成銀行未按時納稅。

二、發票未在規定時限內認證、進項稅逾期未申報抵扣

根據中國國家稅務總局2009年617號文《關於調整增值稅扣稅憑證抵扣期限有關問題的通知》，銀行取得進項增值稅專用發票後，必須在發票開具之日起的180日內到稅務機關辦理認證，並在發票認證通過的次月申報期內，向主管稅務機關申報抵扣進項稅額。如果未依規定申報抵扣，則所取得的增值稅發票不得進行進項抵扣，如此一來就會給銀行造成經濟損失。

三、隨意進行進項稅抵扣

台資銀行在採購商品或服務時，應嚴格審核開票對方所提供的增值稅專用發票是否有效，並判斷是否屬於可抵扣的進項。如果隨意進行進項稅抵扣，存在被認定逃稅行為的風險，如果逃避納稅的金額在人民幣5萬以上，並占應納稅額10%以上時，單位負責人甚至可能被追究刑事責任。

四、虛開、代開增值稅專用發票

所謂「虛開」或「代開」增值稅發票，是指沒有真實交易，也沒有真實物流做為開票基礎的行為。銀行當然不可能主動虛開或為他人代開增值稅發票，但從中國大陸法律將虛開或代開發票定義在為他人虛開、為自己虛開、讓他人為自己虛開、介紹他人虛開的四種行為來看，萬一台資銀行日後取得別人虛開的發票，則還是有可能被定義為虛開增值稅發票。所以之前分析，銀行拿到增值稅發票後的認證手續非常重要，因為只要發票經過認證，則虛開的可能性就非常非常低。

由於虛開增值稅發票讓企業拿去做進項抵扣，會造成國家稅收流失，所以中國大陸法律對虛開增值稅專用發票甚至祭出刑法加以防範，如果虛開涉及稅款數額巨大，或是涉稅情節嚴重，負責人甚至可處無期徒刑。

台資銀行要擔心的，不該是漏開或真正虛開增值稅發票的風險，該緊張的是在小細節上疏忽所引起的涉稅風險。銀行最在乎的是名譽，「營改增」對台資銀行在中國大陸最大的風險絕不是有

形的風險與損失，而是因管理不當造成銀行無形的名譽受損，這才是為何在「營改增」正式實施前，台資銀行就必須加緊事前準備，重視未來增值稅專用發票的合規性管理，並著手降低可能涉稅風險。

【97】台資銀行面對中國大陸「營改增」系列（7）
　　　　銀行增值稅進項抵扣分類

　　「營改增」最具體的工作，是先釐清哪些進項發票可以抵扣？哪些進項發票又不能抵扣？

　　目前銀行在中國大陸繳納的營業稅並未涉及進項抵扣，所以「營改增」後，台資銀行馬上面對最實際的問題，就是哪些發票可以做為進項抵扣？哪些發票又不能做為進項抵扣？這其中不僅涉及抵扣少了會多繳稅的問題，還涉及不該抵扣卻進行抵扣時，銀行所可能引發的稅務風險。

一、不得抵扣的進項稅額

　　1. 用於員工福利的進項

　　銀行為本身員工之用所購進的健身器材、電視等娛樂設施，因而取得的進項稅都屬於不得抵扣範圍；以銀行名義為行員租入的宿舍，因為也屬於員工福利，所取得的租金進項稅額也不得抵扣，要留意這與銀行租賃辦公室不同，辦公室用途屬於業務活動，取得的進項稅額可以抵扣。

　　2. 員工直接消費在「服務」的進項

　　交通運輸業雖然已經「營改增」，但按規定，接受旅客運輸服務進項依然不得抵扣，也就是銀行員工因業務所取得的汽車票、出租車票、火車票、機票等進項都不得抵扣；另一方面，未來當生活服務業也全面「營改增」後，銀行員工出差所發生的住宿費、餐飲支出等進項，預計也不能抵扣。

3. 用於業務招待的進項

購買電腦、手機等做為禮品贈送客戶所取得的進項發票，因為是業務招待費，進項不得抵扣；如果是業務需要，銀行為員工配備的手機、電腦等辦公設備，要注意和前面所說的業務招待用進行區隔，因為辦公設備的進項可以抵扣，但贈送客戶的禮品進項不能抵扣。

4. 非增值稅項目、免徵增值稅項目的進項

銀行涉及不同業務種類的徵稅各自不同，比如一般利息收入或中間業務收入都是徵收增值稅，而同業收入則免徵增值稅。按照2014年140號文要求，商業銀行同業業務由專門部門負責，因此負責同業業務的部門所涉及的採購進項都不得抵扣。

二、不能全額抵扣的進項稅

前面已分析，非增值稅收入、免徵增值稅收入的相關進項都不得抵扣，但銀行內部有些進項無法進行清楚區分，這種無法區分用途的進項，必須要在應稅收入和非應稅收入、免稅收入間進行分攤，如果有不得抵扣部分，則要進項轉出。所以「營改增」後，台資銀行每個月在進行增值稅申報時，都必須計算出當月須轉出不可抵扣的進項稅額，到了年末，還須根據全年收入情況最終再清算一次，以前月份多轉出的進項可以轉回，如果有少轉出的進項稅則要補充進行轉出。

三、未經認證的進項稅發票不得抵扣

實務中常見企業因各種原因，未將拿到的進項稅發票在規定

時間內進行認證，造成原本可以抵扣最終卻不能抵扣的情況，中國稅務局規定，增值稅專用發票自開票日起的180天內，必須進行進項認證，若超過180天就不能再進行認證及抵扣，除非能向稅務機關證明是客觀原因造成未在180天內認證，就可以繼續認證進行抵扣。所謂的「客觀原因」，稅務局有嚴格定義，必須是天災人禍、社會突發事件、司法行政機關扣查認證資料、稅務系統故障等。

【98】台資銀行面對中國大陸「營改增」系列（8）
「營改增」對資產帳務處理的影響

　　銀行於營改增前採購固定資產，取得的是增值稅普通發票，進項不得抵扣，全額計入固定資產原值。營改增後，銀行如果是增值稅一般納稅人，採購固定資產取得的增值稅專用發票，進項可以抵扣，入帳的固定資產原值不含增值稅。除此之外，還有幾個問題必須特別關注。

一、資產採購期間跨越「營改增」時點

　　若營改增之前與供應商簽定了合約，並付了部分款項，根據合同進度，供應商收款後開具了增值稅普通發票。營改增後，合約完成，銀行向供應商支付尾款，供應商開具增值稅專用發票。這時資產的入帳價值如何確定？進項稅額可以抵扣嗎？

　　2009年1月1日起增值稅轉型改革，固定資產進項稅額從不得抵扣轉為可以抵扣，稅務局曾發文明訂：「納稅人允許抵扣的固定資產進項稅額，是指納稅人2009年1月1日以後（含1月1日，下同）實際發生，並取得2009年1月1日以後開具的增值稅扣稅憑證上註明的或者依據增值稅扣稅憑證計算的增值稅稅額。」

　　對「實際發生」，稅法中並無明確規定，實務中各種狀況都存在，大多數情況下，企業不管固定資產實際是什麼時候取得、什麼時候計入「固定資產」科目並納入固定資產管理，只要取得的專用發票日期在2009年1月1日之後，進項稅金都申報抵扣了。由於稅法對此規範不明確，還須與主管稅務機關充分溝通。

二、不得抵扣的進項稅額

並非所有購入固定資產的進項稅額都可以抵扣。按稅法規定，如果該項固定資產專門用於非增值稅項目、免增值稅項目或集體福利，則進項稅額不得抵扣。如果該項固定資產既用於應交增值稅項目，同時用於以上不得抵扣的項目，則不適用「不得抵扣」的條款，其進項可以全額抵扣。

固定資產管理不善而發生被盜損失、丟失時，帳務上資產須做損失處理，相應原已抵扣的進項稅額須做轉出；若固定資產用途發生改變，導致進項不得抵扣，也必須在當月做進項轉出。

轉出金額＝固定資產淨值 × 適用稅率。

三、固定資產出售時如何繳納增值稅？

出售自己使用過的固定資產，必須繳納增值稅，但稅率的確定則必須區分資產採購時進項是否可以抵扣。

1. 簡易辦法

營改增之前，銀行不是增值稅一般納稅人，採購的固定資產，增值稅進項不得抵扣；營改增後，銀行如果營業額不大，未達到一般納稅人的標準，按小規模納稅人繳納增值稅，則採購固定資產進項稅額不得抵扣；營改增後，銀行為一般納稅人，但採購的固定資產如用於非增值稅項目、免增值稅項目或者集體福利，進項也不得抵扣。這三種情況下採購的固定資產，都屬於稅法規定進項不得抵扣，在出售時，增值稅採用簡易辦法計算：

銷售額＝含稅銷售額 ÷ （1+3%）

應繳納的增值稅＝銷售額×2%

出售自己使用過的固定資產，按簡易辦法繳納增值稅，不得開具增值稅專用發票，只能開具普通發票。

2. 按適用稅率徵收

營改增之後如果銀行為一般納稅人，採購的固定資產用於增值稅應稅項目，其進項可以抵扣；這些固定資產再出售時，就要按該產品適用稅率計算，稅率一般為17%，銷項稅額計算如下：

銷售額＝含稅銷售額÷（1+17%）

銷項稅額＝銷售額×17%

按適用稅率計算增值稅，可以開具增值稅專用發票。

另須注意，銀行採購的用於增值稅應稅項目的固定資產，進項可以抵扣，但是銀行實際並未抵扣，比如取得的是增值稅普通發票，或取得增值稅專用發票但超過抵扣時限等。這種情況下，雖然銀行採購固定資產時並未抵扣進項，但銷售該項資產時不得按簡易辦法計算增值稅。

【99】台資銀行面對中國大陸「營改增」系列（9） 營改增對境外銀行納稅影響分析

中國大陸金融業「營改增」後，不只是中國大陸境內銀行業受影響，與大陸有業務往來的境外銀行同樣受到影響。

境外銀行向中國大陸的企業收取利息以及與貸款相關的安排費、管理費等各種費用，現在都必須繳納營業稅（5%）及附加稅、所得稅，營改增之後則要繳納增值稅（6%）及附加稅、所得稅。一般情況下境外銀行都與中國大陸企業約定，與貸款相關的稅費由中國大陸企業繳納，也就是合同約定的利息收入為不含稅收入。由於營業稅為價內稅，增值稅為價外稅，所以中國大陸企業在代扣代繳稅金時，稅基是有所不同的。

假設合同約定，中國大陸企業必須向境外銀行支付100元利息，也就是中國大陸企業代扣代繳各項稅金後須向境外銀行支付100元。假設附加稅費共計12%（城建稅7%，教育費附加3%，地方教育附加2%），所得稅為10%。

則在繳納營業稅時，由於營業稅是價內稅，合同約定的100元為不含稅金額，所以在計算稅金前必須先將不含稅收入換算成含稅收入，也就是 $100 \div (1 - 5\% - 5\% \times 12\% - 10\%) = 118.48$ 元；然後計算營業稅，$118.48 \times 5\% = 5.92$ 元；計算附加稅費，$5.92 \times 12\% = 0.71$ 元；計算所得稅，$118.48 \times 10\% = 11.85$ 元。稅費合計為18.48元，中國大陸企業實際支出118.48元，其中100元付給境外銀行，18.48元付給稅務局，帳上可列支利息費用為118.48元。

　　繳納增值稅時，增值稅為價外稅，在還原含稅收入時只須考慮所得稅及附加稅，也就是 100 ÷（1 − 10% − 6%×12%）= 112.01元。然後計算增值稅，112.01×6% = 6.72元；附加稅費，6.72×12% = 0.81元；所得稅，112.01×10% = 11.20元。稅費合計18.73元，中國大陸企業實際支出118.73元，其中100元支付給境外銀行，18.73元支付給稅務局，帳上可列支利息費用118.73元，如果利息進項可以抵扣，則帳上可列支利息費用為112.01元（= 118.73 − 6.72）。

　　以上數據用表格對比如下：

單位：人民幣元

項目	繳納營業稅時	繳納增值稅時	差異
	A	B	B−A
向境外銀行支付的利息	100	100	0.00
代扣代繳所得稅	11.85	11.20	-0.65
代扣代繳營業稅／增值稅	5.92	6.72	0.80
代扣代繳附加稅費	0.71	0.81	0.10
中國大陸企業實際總支出	118.48	118.73	0.25
可稅前列支的支出（利息進項不得抵扣）	118.48	118.73	0.25
可稅前列支的支出（利息進項可以抵扣）	118.48	112.01	−6.47

　　從上表可以看出，銀行都是取得100元利息收入，如果企業取得的銀行利息進項不得抵扣，「營改增」後企業的實際負擔增加了0.25元，增長0.21%；如果中國大陸企業取得的銀行利息進項可以抵扣，則「營改增」後企業實際負擔減少了6.47元，約減少5.46%。

　　中國大陸銀行業營改增的政策遲遲未能公布，企業取得的銀行利息進項能否扣除尚不明確。如果政策確定銀行利息進項不得抵扣，則中國大陸企業實際成本增加，但增加比例並不明顯，基本可以忽略不計，如果有企業因此而提出調整利息費用，理由並不充分。如果銀行利息進項可以抵扣，則中國大陸企業實際成本有明顯減少，銀行因此可以提出修改利息條款。

　　以上銀行不包括中國大陸境內銀行在中國大陸境外設立的分支機構。中國大陸企業向中國大陸的銀行在境外設立的分支機構借款而支付利息時，無須代扣代繳所得稅，所以以上稅後收入換算為稅前收入時，公式中的所得稅率10%須剔除。

　　最後，中國大陸境內企業繳納增值稅有一般納稅人和小規模納稅人的區別，營業規模不大的小規模納稅人適用簡易徵收的辦法，按收入的3%繳納增值稅，不得抵扣進項。中國大陸企業代境外銀行代扣代繳增值稅時，雖然境外銀行也沒有進項稅額可抵扣，但不能按3%來交稅，而應該按「適用稅率」交稅，也就是6%。

【100】台資銀行面對中國大陸「營改增」系列（10）
增值稅發票

　　增值稅發票分為普通發票和專用發票，其中普通發票票面所載的增值稅進項不得抵扣。增值稅發票須符合《中華人民共和國發票管理辦法》的規定，增值稅專用發票同時還須符合《增值稅專用發票使用規定》的規定。

一、開具發票

　　增值稅專用發票和普通發票均在增值稅發票系統中開具，不論是一般納稅人還是小規模納稅人，都必須用金稅盤或稅控盤開具發票（通用定額發票、客運發票、二手車銷售統一發票除外），未來還會進一步推廣電子發票的使用。

　　納稅人換領或新購入的金稅盤或稅控盤中，主管稅務機關已經將納稅人的稅務登記、資格認定、稅種稅目認定、票種核定、離線開票時限、離線開票總金額等基本資訊納入其中。

　　納稅人在連接互聯網（網路）的情況下開具的發票，會實時上傳到稅務機關的稅控系統中，未上傳的發票屬於離線發票。

二、抄報稅和申報

　　納稅人在核定為增值稅納稅人時，稅務機關同時會核定增值稅申報期限，大多數核定為1個月申報一次。納稅人開具的每一張發票雖然都已上傳到稅控系統中，但納稅人還是要另行按期將開具發票的匯總情況，通過網路上傳到稅務機關的稅控系統，俗稱

為「抄稅」。

　　一般納稅人需要將取得的必須抵扣的進項發票，拿到稅務機關進行認證，認證通過方可抵扣。進項發票認證方式有報稅大廳人工認證，或納稅人購買專用的掃描機，自行掃描進項發票網上認證兩種途徑。完成銷項發票和進項發票的抄報稅工作後，即可進行納稅申報。

三、發票作廢

　　納稅人開具的增值稅發票，如果發現開具有誤，或者交易終止或取消，符合以下條件的可以作廢：

　　1. 收回已開發票的所有聯次，包括發票聯、抵扣聯，且票面時間不超過開票當月。

　　2. 開票方未抄稅、未記帳。

　　3. 購買方未認證，或認證不符。

　　如果是開發票之時就發現錯誤，立即作廢即可。

四、紅字發票

　　發票開具有誤，交易終止或取消，但又不符合作廢條件的，須開具紅字發票。紅字發票開具程序如下：

　　1. 銷售方或者購買方在增值稅發票系統中上傳「開具紅字增值稅專用發票信息表」。

　　2. 稅務機關收到校驗通過後，出具一份帶有「紅字發票信息編號」的信息表給申請人。

　　3. 銷售方獲得「紅字發票信息編號」後，就可以在系統中開

具紅字發票，沖銷或部分沖銷原開具有誤的增值稅專用發票。

若購買方已取得發票，由購買方申請開具紅字發票；專用發票還沒有交付購買方或購買方拒收發票時，由銷售方在認證期內申請開紅字發票。

普通發票須收回原發票並註明「作廢」字樣，或者取得對方有效證明後才可以開具紅字發票。

五、發票遺失

專用發票遺失抵扣聯，可使用發票聯認證，發票聯影本留存備查；遺失發票聯，可以用抵扣聯做為記帳憑證，抵扣聯影本留存備查。發票聯和抵扣聯同時遺失，可以憑銷售方相應發票記帳聯影本申請抵扣，但需要銷售方主管稅務機關出具「丟失增值稅專用發票已報稅證明單」，兩份文件做為抵扣憑證留存備查。

已開具的普通發票遺失的後續帳務處理，中國國家稅務總局沒有明確規定。一般的處理方式是：銷售方主管稅務機關出具證明，再取得銷售方發票記帳聯影本，以這兩份文件做為記帳憑證。單單一份銷售方發票影本，不得做為入帳憑證。

富蘭德林
外資銀行中國業務實務：債權確保‧外匯‧自貿區‧財稅

2016年1月初版　　　　　　　　　　　　　　　　定價：新臺幣360元
2016年9月初版第三刷
有著作權‧翻印必究
Printed in Taiwan.

著　　　者	富蘭德林證券股份有限公司	
總 編 輯	胡　金　倫	
總 經 理	羅　國　俊	
發 行 人	林　載　爵	

出　版　者　聯經出版事業股份有限公司	叢書主編　鄒　恆　月
地　　　址　台北市基隆路一段180號4樓	特約編輯　鄭　秀　娟
編輯部地址　台北市基隆路一段180號4樓	封面設計　富蘭德林證券股份有限公司
叢書主編電話　(02)87876242轉223	
台北聯經書房　台北市新生南路三段94號	內文排版　極翔企業有限公司
電話　(02)23620308	
台中分公司　台中市北區崇德路一段198號	
暨門市電話　(04)22312023	
郵政劃撥帳戶第0100559-3號	
郵撥電話　(02)23620308	
印　刷　者　世和印製企業有限公司	
總　經　銷　聯合發行股份有限公司	
發　行　所　新北市新店區寶橋路235巷6弄6號2F	
電話　(02)29178022	

行政院新聞局出版事業登記證局版臺業字第0130號

本書如有缺頁，破損，倒裝請寄回台北聯經書房更換。　　ISBN 978-957-08-4675-1 (軟精裝)
聯經網址 http://www.linkingbooks.com.tw
電子信箱 e-mail:linking@udngroup.com

國家圖書館出版品預行編目資料

外資銀行中國業務實務：債權確保‧外匯‧
自貿區‧財稅/富蘭德林證券股份有限公司著．初版．
　臺北市．聯經．2016年1月（民105年）．312面．
　14.8×21公分
　ISBN 978-957-08-4675-1 (軟精裝)
　[2016年9月初版第三刷]

　1.外商銀行　2.銀行實務　3.中國

562.54　　　　　　　　　　　　　　104029001